中国土地制度的宪法秩序

桂 华 著

法律出版社 LAW PRESS · CHINA

序

研究土地制度，存在起点选择的问题。以保护私人财产权利为起点，法学界逐步形成一套关于中国土地制度的话语体系，并影响当前改革。跟其中一些人接触后发现，他们中的大部分人并不关心我国土地制度的现实，而是常常用德国或者美国的法律规范来批判我国实践。这让人感到困惑，难道离开德国民法或者美国的财产制度，我国的土地制度就不存在自身的合法性基础吗？

前几日，我们在北京农村调查时看到，当地集体土地制度运行越是良好的村庄，村级治理就越是良好。那些集体组织发挥作用的村庄，不仅公共品供给有效，而且国家惠农资源投入也越是容易起成效。集体土地制度构成农村善治的关键。围绕这些现象，我们在调研过程中讨论了土地制度和农村集体经济组织性质的问题。我曾经指导读书的一位学生，现在已经法学博士毕业，她向我们介绍长期困扰我国法学界的一个难题是，如何将公有土地制度纳入以个体产权为根基的现代民法体系中。主流的法学理论解释不了公有的性质，自然就无法对集体经济组织进行定义，也无法区分宪法意义上的“国家所有”与民法意义上的“国家所有”。

法律上，农村集体经济组织被视为“特殊组织”或“其他组织”。制定法律的人尽管意识到了它与其他类型的组织主体不同，但是却对农村集体经济组织自身属性并没有清晰认识，因此只好用“其他”来指称。在实践中，推动农村集体经济组织改革，必须建立在对集体经济组织属性深刻认识的基础上。也就是说，仅仅在法条中将其定义为“其他”是不够的。在很多人那里，“其他组织”仅仅是一个词语，将其替换为“A组织”或者“B组织”并无差别，因为“A组织”或者“B组织”也可以在法律条文中与一般法人组织区分开来。由于缺乏对集体经济组织运行规律的认识，“其他”就成为没有内容的抽象词汇。更有甚者，由于德国、美国或是其他国家的制度里没有这个事物，有人于是就将我们实实在在存在和发挥巨大作用的集体经济组织视为“怪胎”。这一类看法，几乎成为当前我国土地制度研究上的主流。这类主流认识，试图抛弃我国土地制度的历史和现实，将德国或是美国的历史和现实当作一般现实。

还有一类思路是，追求对集体经济组织性质、规律和功能的认识，通过研究将法律上的“其他组织”变成包含具体内容的制度和实践。这种思路将我国土地制度的历史和现实作为讨论问题的起点，深入考察土地制度实践，实事求是地认识其合理性和不合理性成分，并分析制度改善方案。

以上谈论对集体经济组织性质的看法，是想通过这个来表明我们看问题的思路。我本人不从事法学研究，我们团队中关注土地制度的同人，也从来没有人会对照着国外法律条文来批评中国土地制度实践。法律是社会制度的一种形式，研究土地制度最终会指向相关法律。尽管如此，作为基本社会制度的土地制度却不是学习过法律知识的人的思想产物，想要建立更好适应社会发展的土地制度，必须回到社会现实。

我本人以及我所在的团队较晚才开始关注土地问题。在从事农村社会问题的研究过程中,我们发现主流理论所无法理解的中国土地制度,在实践中却发挥重要的作用。比如,集体土地制度在解决土地细碎化、推动农业现代等方面的作用;再如征地制度在促进我国工业化、城市化发展以及保障社会公平等方面的作用。我认为,不能抽象地去讨论一项制度的好与坏,也不存在抽象的"好制度"或者"坏制度"。当一项制度能够促进社会发展和社会公平时,它就是好的制度,否则,就是应当改进的制度。我国现存的土地制度,在促进社会发展和社会公平方面都发挥积极作用,不能因为不符合其他国家的制度规范而否定它。

中国现有的土地制度是经过不断改革完善形成的。经过新民主主义革命和社会主义建设,消灭土地私有制,建立土地公有制度,土地公有制是我国土地制度的根本起点。一些人试图将其他国家的制度照搬到中国,是忽视了我国土地制度的根本起点。比如,一些人认为《土地管理法》不符合物权规则,主张按照物权原则来修改《土地管理法》。这类主张,忽视我国土地制度的起点是《宪法》所规定的土地公有制,修订《土地管理法》不能越过这个底线。桂华在本书中讨论"中国土地制度的宪法秩序",针对的是一部分人试图超越《宪法》来理解土地制度。其中,一个简单而又十分重要的道理是,中国土地制度的基本原则是由《宪法》而非《物权法》规定的。土地属于基本生产资料而非私有财产,带着宪法的视角,才能够理解《土地管理法》和《农村土地承包法》相关条款的内涵,并指导当前改革沿着正确方向前进。

在本书中,桂华将建设用地与农用地分开讨论,全面涉及当前一些重大焦点问题,比如征地制度改革、土地承包法修订、集体经营性建设用地入市、农村宅基地改革等。桂华不是法学专业出身,为了更好地对话,他运用经验研究方法来讨论很多法学问题。即这本书关于我国土地制度的认识,都来自于作者广泛的社会调查和基于调查的思考。这是一本接地气的著作,它会带给我们关于中国土地制度很多完全不同的认识。是为序。

贺雪峰

麻城五脑山 2017 年 7 月 30 日

目 录

绪 论

一

近年来,我国土地制度改革一直朝着土地财产化的方向推进。《中华人民共和国物权法》(以下简称《物权法》)颁布后,主张改革的人获得了新的"法律"武器,要求按照物权原则修改土地制度的声音不绝于耳。这类改革主张,很多已经被现实回应。党的十七届三中全会决议作出土地承包关系"长久不变"的决定,紧接着中央又推动农村土地承包经营权确权登记办证工作。十八届三中全会决议将"建设城乡统一建设用地"列入全面深化改革任务,随后国土资源部等承担的"三块地"改革试点工作在全国33个县市区启动。无论是农村土地承包经营权物权登记工作,还是"农村宅基地改革、集体经营性建设用地入市和缩小征地范围"的试点工作,都在释放土地财产化的改革信号。

保护农民的财产权,是一句彰显政治正确性的口号。但是在实践中,让土地顺利进入财产制度体系,却是一个需要深入研究的理论问题。早在《物权法》

草案征求意见期间,就发生过是否违宪,以及是否有必要“根据宪法,制定本法”的争议。这些争议指向宪法与民法的关系,更根本的是,民法、物权法是否具有超越宪法的“中立性”。最典型的财产权,是指权利主体对财产物拥有排他性和可转让的权利。当下中国的土地财产化改革的直接目标是,赋予农民对于土地明晰的排他权利及其处置土地的自由权。承包地、宅基地和集体建设用地方面的改革,具有相似的追求。

目前,国家已经启动《中华人民共和国土地管理法》(以下简称《土地管理法》)和《中华人民共和国农村土地承包法》(以下简称《农村土地承包法》)的修订工作。对这两部与土地相关法律的实施修订,都绕不开《物权法》。比较有趣的是,2003 年开始实施的《农村土地承包法》,已经较高程度地贯彻了物权原则,土地承包关系基本法定化,农户手中的土地承包经营权具备用益物权性质。然而,经过政策界和学者的共同努力,在实现土地承包经营权物权化之后,我国很快又开启了农村土地“三权分置”改革。目前,正在加快落实的“三权分置”改革,针对土地承包经营权物权化带来的地权错位配置问题,实属为之前的改革“填坑”。一些曾经极力主张土地承包经营权物权化合理的学者,一转身,又开始论证“土地经营权”物权化的必要性。

相对而言,《土地管理法》的公法色彩更浓。推动土地财产化的改革,必须要推动《土地管理法》的修订,以适应《物权法》关于土地的私权保护理念。将《土地管理法》和《农村土地承包法》的修订工作放在一起比较,可以看到,在缺乏一部关于土地的基本法的情况下,《物权法》似乎在扮演“土地法”的替代角色。尽管《物权法》在保障民事财产权方面具有较高地位,但土地制度并非单一民法物权法所能涵盖的。土地制度改革,在某些方面,为适应市场经济发展,需要在保护私权上作出更完善的规定。然而,《物权法》非关于土地的基本法,因为保护土地财产权不能超越《中华人民共和国宪法》(以下简称《宪法》)所确立的基本制度原则。

目前正处我国民法典创建之际,关于宪法与民法关系的认识分歧,恐怕会再次出现。这个问题相当重大,关涉我国整个法制体系建设。本书研究土地制度的宪法秩序,或多或少牵涉这一重大问题。笔者的看法是,中国土地的基本原则在《宪法》中已经明确规定,按照物权理念推进的土地制度改革必须保持在宪法原则限度内。中国土地制度的起点是《宪法》规定的生产资料"社会主义公有制",一切关于土地制度改革的观点和主张,必须要经得起这个基本原则的检视才具备合法性。

二

《宪法》作为我国土地制度体系的起点,可从土地的基本属性与土地制度的基本功能说起。关于土地,威廉·配第说过,"劳动是财富之父,土地是财富之母"。一方面,土地属于生产要素,土地资源配置影响经济社会生活;另一方面,土地与劳动结合产生财富,土地参与生产过程,更重要的是,土地占有状态决定财富的社会分配。土地制度包括两方面的基本追求:一是提高土地资源配置效率;二是促进社会财富公平合理分配。

针对以上论述,我国《宪法》作出明确规定。《宪法》前言指明,"中华人民共和国成立以后,我国社会逐步实现了由新民主主义到社会主义的过渡。生产资料私有制的社会主义改造已经完成,人剥削人的制度已经消灭,社会主义制度已经确立"。土地属于最基本的生产资料,在中国共产党领导的土地革命、新民主主义革命到社会主义革命和社会主义建设的各个时期,土地制度一直是被改造的对象,土地一直被当作改造社会的工具。取消土地私有制,是我国过渡到社会主义的基本标志。《宪法》第6条规定:"中华人民共和国的社会主义经济制度的基础是生产资料的社会主义公有制,即全民所有制和劳动群众集体所有制。社会主义公有制消灭人剥削人的制度,实行各尽所能、按劳分配的原则。"《宪法》第 6 条落实到土地上是,取消土地的私人所有制,从而消灭基于土地私人所有所产生的剥削行为。

威廉·配第被视为古典经济学鼻祖。他生活在欧洲资本主义对封建主义的革命时期。站在新兴资产阶级的立场上,这位古典经济学鼻祖看到了封建阶层依靠土地不劳而获的落后一面,最先认识到劳动创造财富的意义,发觉地租的分享剩余价值功能。这一观点被马克思发扬光大,马克思系统地创造了劳动价值学说,揭示地租的本质是土地所有权的经济实现。在此,不得不重复马克思那一经典论述:"土地所有权并不创造那个转化为超额利润的价值部分,而只是使土地所有者……有可能把这个超额利润从工厂主口袋里拿过来装进自己的口袋。它不是使这个超额利润创造出来的原因,而是使它转化为地租形式的原因"。[①]

封建地权的落后一面,不止在于不劳而获所带来的社会不公平,而且在于土地垄断占有所产生的身份特权。对于新兴的资本主义来说,在土地封建式占有上产生的人身依附关系与人格化的土地权利,会阻碍社会生产的发展。因此,要解放土地和劳动力。资产阶级革命的意义在于,将活的劳动从封建依附关系中解放,让其成为自由劳动力,让土地去人格化,变成可以被市场交易的纯粹生产要素。社会关系上的"从身份到契约",土地上的从以"所有"为中心到以"利用"为中心的权利制度转变,是同期发生的服务于资本主义生产需求的两个运动。

近现代历史上的土地革命,大概包括两场。第一场是资产力量对封建主义的替代,成果是土地的"物化"(去人格),这场革命所产生的现代物权制度,保护的是土地作为生产要素自由流动的权利。第二场是

---

① [德]马克思:《资本论》(第三卷),人民出版社 2004 年版,第 729 页。

公有制对土地私有制的替代。尽管两者存在差异,但是在反对土地封建化上是同一立场。经历过资产阶级革命的国家,同样不鼓励土地食利阶层的发展,如设置财产税制度,土地就难以成为世代不劳而获的财富摄取工具。完成社会主义革命的中国,则通过直接取消土地私人所有制来实现这一点。

比较奇怪的是,时下中国弥漫着一种鼓励土地食利行为的话语。最近媒体报道,南京高新区的某个村庄面临动迁,全村共有160对夫妇集体离婚。很显然,这与按照户籍实施赔偿还建的拆迁安置方案有关。在制度缝隙中谋取利益最大化,是大多数人都可能作出的选择。对这种以“离婚”方式获得更多补偿的行为进行道德批判,并无意义。然而,作为研究者和政策制定者,必须要意识到这种现象的不合理。一种流行的声音是,改革土地制度的目标是避免政府“与民争利”。因为“民”是弱势的“农民”,政府则在收储出让土地中赚取巨额差价。

这种看法,既没有对“民”做区分,也混淆了政府的性质。无论如何,目前中国有机会参与土地征收和房屋拆迁的农民都是极少数的。能够像深圳三十万原居民那样通过征收拆迁过上千万、亿万富豪生活,是每个农民都期盼而不可得的。而政府的土地出让收益是进入财政账户,最终化为公用。离开劳动,土地不能自动产生财富。站在整个社会的角度看,土地制度所欲实现的公平目标在于,劳动者不能因丧失土地生产资料而堕入贫困,同时生产者所创造的社会财富也不应被特定位置的少数土地占有者过度摄取。

目前,关于建设用地制度改革的争议,最终都落脚到财富再分配上,包括前几年一度流传的土地征收补偿标准提高十倍,目前正在探索的集体经营性建设用地入市,以及备受争议的小产权房处置政策等。将政府的土地征收行为定性为“与民争利”,隐含对政府主导社会财富再分配制度的不认同。设想一下,取消土地城乡二元制度和土地征收,实施集体土地参与城镇建设用地市场和“农地农房”自由入市，注定要为一少部分“民”带来从天而降的财富。然而，财富永远不可能从天而降，这少部分“民”所得，是其他劳动者付出的所失。在财产税很不完善的情况下，让土地变成累世财源，这是一种明显的退步。中国已经完成社会主义革命，没有理由让土地制度重新封建化。

三

上面讨论的是建设用地。关于农地，根据《宪法》第 8 条的规定，“农村集体经济组织实行家庭承包经营为基础、统分结合的双层经营体制”。农地制度主要解决生产资料配置问题。目前，全世界广泛存在的农业经营者与土地所有者分离的状态表明，土地所有权不是决定农业生产的关键。现代物权制度中的用益物权，在很大程度上是针对土地封建所有与农业资本化经营的矛盾产生的。我国现行的以土地承包为核心的农地制度，发端于农村经营体制改革。实施土地承包的目标是，在不改变所有权的情况下将土地使用权向农业经营者配置，保护经营者的“利用”权利，以提高土地利用率。

推进我国农地制度改革，必须明确的前提是，农地制度服务于经营制度。20 世纪 80 年代初期，我国打破集体统一经营管理模式，实施“分田到户”。进行土地承包经营，并非回到合作化之前的小土地私有制，而是改善农业经营效率的一种手段。在最原初意义上，土地承包属于经营制度调整。经过探索，我国最终确定了以家庭承包经营基础的农业双层经营体制。一方面，赋予农民土地经营控制权和剩余索取权，以激励承包户生产投资积极性；另一方面，保留集体经济组织在公共生产环节发挥统筹经营功能。以《宪法》形式确定下来的双层经营体制，建立在承包户与集体合理分割土地权能的基础上。

随着时间的推移，农地制度改革发生逻辑变异。土地承包越来越摆脱其改善农业经营效率的初始目标,演变成分割集体公有土地的财产制度。我国农地制度设置长期遵循的一个理论假设是,排他性的私有产权具有更高的投入激励。受此影响,土地承包经营制度改革持续朝着强化土地承包经营权的方向推进。早期保护农民利用土地从事生产经营,后期则转换到增加农民土地财产权的目标上。所谓土地财产权,即农民通过流转处置土地获得地租收益的权利。这意味着,越来越多实际从事农业生产经营活动的真正农民,需要向那些脱离农业生产却控制土地权利的"农民"支付地租。

农业是弱质产业。为扶持农业发展,国家每年直接和间接投入的农业补贴和农业基础建设资金达数千亿。有农村实地调查经验的人都会看到,凡是国家投入资金完成基础建设的土地租金水平,都会高于建设之前或未获得投入的地块;同样,目前农村土地流转合同中,凡是约定国家直补款归经营者的,流转费也必然同比例增加。这就是说,国家投入最终以地租形式被原土地承包户获得。受地租规律支配,在农业经营者与土地生产资料之间,在国家财政扶持与弱质农业产业之间,横亘着一批降低资源利用效率和降低国家投资效率的土地食利者。

"农民"在农地上的财产权表现为控制土地的绝对权利。土地财产化改革的后果是,农地从农业生产资料变成私人财产物,既损害农业经营效率,也无益于社会公平。农地制度改革要回到《宪法》这一起点。从土地的生产资料属性出发设置农地制度,操作上需遵循的基本原则是,农业经营者占有土地权利,离农者退出对土地使用权的控制。

四

不能脱离中国城镇化现实来讨论土地制度问题。一方面,无论是农地制度改革还是建设用地制度改革,动力都来自正在加速推进的城镇化进程。另一方面,土地制度改革也是为了适应我国新型城镇化需求。

从改革动力方面来看，建设用地制度上的矛盾，包括征地制度、“小产权房”问题、集体建设用地入市问题等，都与城镇建设占地有关。这方的改革争议在于，谁有资格为城镇建设提供土地。《宪法》规定“城市土地属于国家所有”，相关法律将其具体落实为，城市建设用地由国家供给。取消个体私人以及集体经济组织供地，理由是城镇建设所产生的级差地租是社会公共投资带来的，国家通过垄断城镇建设用地一级市场，将这部分公共投资转化为公共收益，并实施公共分配。国家所有即全民所有，全民属于“大公”，在公共利益分配上，“大公”的正当性高于集体“小公”和个体之“私”。

农地制度调整也与城镇化有关。实施土地承包初期，农业之外就业机会较少，农民主要依靠土地获得收入。自20世纪90年代后期以来，我国农村人口流动加剧，目前农民工规模已经超过2.7亿。城乡人口流动，打破了早期土地承包者与农业经营者同一的局面，农业劳动力外出与农业经营体系更新，带来了农地资源重新配置的动力。与此同步的是，土地承包经营权物权化程度越来越高。当下国家正在落实“确地确四至”的土地承包经营权确权工作。土地承包经营权物权化的后果是，锁定早期形成的地权分散和地块插花局面，将土地权利配置给原承包者。以“利用”为目标的土地承包制度，脱离城镇化进程中的人地重构需求，演变为保护离农者“占有”地权的制度。针对此矛盾，国家启动土地“三权分置”改革，试图以更复杂的制度形式，弥补前期制度异化带来的问题。

然而，还必须意识到我国城镇化的独特方式。城镇化的质量取决于我国的经济发展程度和产业形态。中国追求高质量的城镇化，追求让所有人享受高质量公共服务的包容性城镇化，前提是提高劳动生产率，改变在全球产业分工中的位置，而产业升级还需经过较长时间的奋斗。在当前阶段,受产业分工方面的结构性因素制约,农民进城务工的收入很难提供其全家在城市体面生活的条件。通常被批评的农民工“两栖”形态和我国“半城镇化”模式,归根结底,是中国作为发展中国家和中国所处发展阶段,没能力为所有人提供高品质现代城市生活造成的。

土地制度要继续服务于中国城镇化的又好又快发展。可以从很多方面阐释现有土地制度带给中国的发展优势,此处仅指出两点。一是现有建设用地制度实现土地自然增值收益公共化,避免让一小部分处于特定位置的人,过度摄取社会财富。相对于整个广阔国土和庞大的农民群体,城镇建设永远是星星点点状,调整建设用地制度所实现的财产权保护,保护的只是城郊村和城中村的“农民”。这个群体,既不是农民中的弱者,也不是新兴市民中的弱者。培育一个通过单纯土地占有就可以获得巨大社会财富的食利群体,不是现代社会制度的目标。更现实地看,占社会不到5%的城中村和城郊村农民占有巨额财富,会提高城镇建设成本,也会减少其他偏远地区农民对社会发展成果的分享。

二是农地和宅基地方面。中国正在追求近14亿人口规模的城镇化与现代化,这个过程必然漫长而充满风险。农村土地制度的基本功能是,为农民进城提供退路,为中国这辆奔驰中的城镇化快车提供保险。有了农村土地和农村住房,城镇才是农民可自由选择的奋斗目标,而不至于像其他第三世界国家的进城农民那样坠入贫民窟。在这个意义上,农村土地制度改革需坚持社会兜底的基本功能。毕竟农地农房的市场价值有限,农民出卖农地农房所获收益比其损失可能更大。

五

中央反复强调,当前推进土地制度改革不能触动公有制底线。讨论我国土地制度及其改革问题,必须从《宪法》出发,具体是指《宪法》第

6 条规定的“生产资料的社会主义公有制”。与之对应的农地制度和建设用地制度,分别是《宪法》第 8 条关于农村基本经营制度的规定,以及《宪法》第 10 条关于城乡土地所有制形态的规定。

从《宪法》开始讨论我国土地制度及其改革,与从《物权法》开始讨论问题,是两个完全不同的视野。宪法不能超越于一个国家的历史传统及其基本政治理念,物权法更不能“中立”于作为根本大法的宪法。

中国土地制度的宪法秩序,可概括为,“地尽其利、地利共享”。前者主要表现在农地制度方面,后者主要体现在建设用地制度上。

第一章　集体所有制下的地权配置与制度设置

农地制度的核心是农地产权制度和农地利用制度,前者针对农地权利配置问题,后者解决土地利用效率问题。近年来我国农地制度改革的总体思路是通过地权制度改革优化土地利用制度。党的十八届三中全会通过的《中共中央关于全面深化改革若干重大问题的决定》(以下简称《决定》)确定我国农地制度改革的基本方向是,在坚持土地承包经营制度的基础上扩大土地承包经营权并放宽土地流转限制。扩大和强化土地承包经营权的目的是以私有产权制度构建我国农地产权体系,放宽流转限制的目的是以市场手段配置农地资源。该思路假设排他性的土地承包经营权能够提升农地利用效率,并假设赋予承包户对农地处分权能即可解决地权集中问题,忽视地块细碎与地权分散会造成生产过程困难和市场手段可能失效。自土地承包经营政策实施以来,均平承包方式与片面保护农户土地承包经营权的改革思路,造成了当前农地制度实践和法理上的困境。跳出单一财产权思路,从农地多重属性出发,在尊重集体土地所有权基础上进行农地制度重构,是理论上可讨论和实践中可尝试的改革方向。

第一节 集体农地的产权配置原则

土地制度在整个社会制度中具备基础性地位,它不是单一财产法律所能够涵盖的。农地不仅作为物质财产对象被民法物权法规定,而且作为基本生产资料被宪法规定,并且作为集体公共资源被集体经济组织或村民自治组织管理,另外,还作为农业生产要素被农业法律法规所规定。农地的多重属性造成地权配置的复杂性。受基本经济制度、集体土地管理模式和农业生产要求等多方面约束,我国农地权利配置总体遵循以下三个原则。

一、农地权利配置的民生原则

《宪法》规定我国实施"生产资料的社会主义公有制",土地是基本生产资料,土地公有制构成全部土地制度的基础。土地集体所有是公有制的一种形式。从孙中山领导的旧民主主义革命到共产党领导的新民主主义革命和社会主义改造运动,都试图通过解决土地问题以保障农民生存,作为社会革命最终成果的"集体土地所有制和在此基础上的集体经济建立的初衷就是保障农民民生"。[①] 保障民生是我国农村集体经济制度的首要价值目标,该价值目标也渗透到农地制度中,其结果是

① 韩松:《农村集体经济法律制度的价值目标和功能定位》,载《西北农林科技大学学报》(社会科学版)2014 年第 3 期。

农地担负社会保障功能。[①]

2006年中国共产党第十六届中央委员会第六次全体会议确定建设和谐社会的重要目标是,到2020年基本建立覆盖城乡的社会保障体系。近年来,在统筹城乡发展的总体思路下,国家在建立健全农村社会保障体系方面加大投入力度。尽管如此,城乡社会保障差距依然巨大,且城乡社会保障二元结构格局不会在短期内改变。在此背景下,当前农地为农民提供基本就业和生存保障的角色不会转变。部分学者认识到现有农地制度的民生内涵,并从规范层面对此进行理论批评。他们认为,社会保障应该由国家或者社会组织承担,国家保障与土地保障并不构成选择集合,以土地保障替代国家保障会损害土地的财产属性。[②]这种观点忽视了形成我国城乡社会保障二元结构的宏观经济社会背景,城乡社会保障无法一体化,是政府"不能"而非"不为"。2010年我国人均GDP达到4000美元,按照世界银行给出的标准,由"中下等收入"进入"上中等收入"行列,经济社会发展也面临"中等收入陷阱"[③]考验。学者研究国际经验之后发现,造成"中等收入陷阱"的重要原因是,在产业没有向高附加值的技术创新型经济转化之前,包括社会保障在内的劳动力成本上升,影响产业竞争力带来经济下滑,甚至最终引发政治社会矛盾,形成恶性循环。保持社会保障制度与经济增长同步发展是跨越"中等收入陷阱"的重要方面,其关键是社会保障体系建设"既不要滞后,也不应超前,滞后将不利于扩大消费和经济增长,超前会'透

---

① 姚洋:《中国农地制度:一个分析框架》,载《中国社会科学》2000年第2期。

② 陈明:《农地产权制度创新与农民土地财产权利保护》,湖北人民出版社2006年版,第198页。

③ "中等收入陷阱"是世界银行提出的概念,是指一些发展中国家走出"低水平均衡陷阱"之后,长期徘徊在中等收入区间,无法跨进高收入行列。参见郑秉文:《"中等收入陷阱与中国发展道路"》,载《中国人口科学》2011年第1期。

支'经济增长的可持续性,成为掉进'中等收入陷阱'的诱因"。[①] 从拉美等其他国家经验可以看出,科学建立社会保障体系是促进中国经济社会发展的重要因素。

在中国当前快速发展阶段,最应避免的是,一方面将农村土地的社会保障功能取消;另一方面却受制于总体经济发展水平而不能为农民提供有效的公共社会保障服务。依照世界银行所界定高收入标准(人均 GDP 为 12,196 美元)来看,我国距离高收入标准还有很大差距,这决定了我国在短期内很难全面提供均等高水平的社会保障供给。基于对中国宏观形势的判断,贺雪峰提出,要坚持以农地社会保障功能为基础的"三轮驱动"发展模式,即以制造业和科技创新两轮为动力推动中国经济发展,并发挥土地制度红利构建农村稳定器和蓄水池功能。[②] 发挥农村土地社会保障替代功能与抵御社会风险的保险功能,对于中国稳定和发展具有重大战略意义。

客观国情决定我国农地制度调整依然要坚持民生原则。按照社会保障标准完善农地制度,本质是将农地所产生利益留在农村并由农民公平分享。农地利益可分为两类:一类是所有权权益;另一类是农地的"用益"权利,即土地作为农业生产资料为生产者提供的劳动就业机会。[③] 在现有土地制度下,每个农民作为集体经济组织成员,以集体"成员权"[④]形式享有集体土地权益。《农村土地承包法》第 5 条、第 6 条规定农村集体经济组织成员平等承包土地的权利,以及现实中农民要求

① 郑秉文:《"中等收入陷阱与中国发展道路"》,载《中国人口科学》2011 年第 1 期。

② 贺雪峰:《城市化的中国道路》,东方出版社 2014 年版,第 24 页。

③ 孙宪忠主编:《中国物权法:原理释义和立法解读》,经济管理出版社 2008 年版,第 330 页。

④ 王利明将集体成员权定义为,"农村集体经济组织成员依据法律和章程对农村集体经济组织的财产权的行使和其他重大事务处理所享有的管理权,以及收益分配等权利"。参见王利明:《物权法研究》(上卷),中国人民大学出版社 2007 年版,第 533 页。

调整土地以获得土地承包经营权的公平诉求，都是农地制度民生原则的体现。

当前饱受诟病的城乡二元体制的重要方面是将社会保障与市民农民身份挂钩。农地既然有着农村社会保障的功能，则必须与农民身份联系起来，由此决定土地"用益"权利配置方面也遵循农地归农民占有和使用的"农地农有"原则。该原则体现在既有的法律制度中，一方面，承包土地是农民享有的法定权利，[①]《农村土地承包法》第5条规定："农村集体经济组织成员有权依法承包由本集体经济组织发包的农村土地。任何组织和个人不得剥夺和非法限制农村集体经济组织成员承包土地的权利。"另一方面，土地承包经营权的主体资格受到明确限制，《农村土地承包法》第15条规定："家庭承包的承包方是本集体经济组织的农户"；对于人口流动带来的农户脱离农业生产的情况，《农村土地承包法》第26条第3款规定，"承包期内，承包方全家迁入设区的市，转为非农业户口的，应当将承包的耕地和草地交回发包方。承包方不交回的，发包方可以收回承包的耕地和草地。"从以上两方面规定来看，农民的身份属性是其通过家庭承包形式获得的土地承包经营权的前提条件。[②]《农村土地承包法》第41条将"稳定的非农职业或者有稳定的收入来源"作为农户转让土地承包经营权的条件，进一步出显示农地作为基本生产资料向农民提供就业机会的性质。[③]

---

① 王利明指出，"承包经营权人所享有的权利与集体组织成员所享有的成员权是密切联系在一起的"，因此，集体组织内部成员以户为单位向集体承包土地是"一种根据成员权所有享有的不得被任何人剥夺的权利"。参见王利明：《农村土地承包经营权的若干问题探讨》，载《中国人民大学学报》2001年第6期。

② 王利明：《物权法研究》（下卷），中国人民大学出版社2007年版，第53页。

③ 陈锡文认为，"耕地作为生产资料，转让它的经营权，等于转让就业机会；耕地作为福利和社会保障，将它转让给别人利用，转出者自己就要寻找新的福利和社会保障作替代"。参见张路雄：《耕者有其田——中国耕地制度的现实与逻辑》，中国政法大学出版社2012年版，第211页。

当前农地制度改革的争论焦点之一为是否继续坚持"农地农有"原则。为了建立新型农业经营体系，中央政府既"鼓励承包经营权在公开市场上向专业大户、家庭农场、农民合作社、农业企业流转"，放宽对农业经营主体资格限制，同时又担心土地流转会让农民丧失土地承包经营权并产生社会风险，[①]因此提出区分"所有权""承包权"和"经营权"的"三权并行分置"[②]的农地产权结构。政策制定者认为，从土地承包经营权中单独区分设置"承包权"，可以在土地流转的情况下继续"保留农户对土地的承包关系"，[③]一定程度上维护"农地农有"原则。另外，由于土地承包经营权原本内含农民身份的资格限制，以"承包权"形式将土地使用权利中的身份性内涵剥离出来后，可促使农地流转以"经营权"流转的形式实现。[④] "三权并行分置"可以视为在农地制度改革上继续坚持"农地农有"原则与放开土地自由流转的一种折中方案。

现有农地制度对农地权利配置作出了限制，在所有权层面上，个体农民以集体经济组织成员形式享有所有权权益；在"用益"层面上，农地使用权利始终与农民身份相联系，实现"农地农有"原则，体现地权配置的民生原则。

二、农地权利配置的民主原则

农地权利配置是集体所有权的行使和实现。土地作为基本生产资

---

① 2001 年中央下发的《中共中央关于做好农户承包地使用权流转工作的通知》规定："工商企业投资开发农业，应当主要从事产前、产后服务和'四荒'资源开发"，并指出："企业和城镇居民随意到农村租赁和经营农户承包地，隐患很多，甚至可能造成土地兼并，使农民成为新的雇农或沦为无业游民，危及整个社会稳定。"

② 冯海发：《为全面解决"三农"问题夯实基础》，载《农民日报》2013 年 11 月 18 日。

③ 陈锡文：《构建新型农业经营体系刻不容缓》，载《求是》2013 年第 22 期。

④ 高圣平：《新型农业经营体系下的农地产权结构的法律逻辑》，载《法学研究》2014 年第 4 期。

料与普通财产物存在差异，集体这一团体组织也与普通法人团体和非法人团体存在差异。受财产客体和权利主体的特殊性质限制，集体土地所有权“不符合民法上抽象的所有权概念”，①这就造成集体所有权行使的独特方式。

民法抽象所有权概念源自罗马法最早确立的对物的两个分类标准。依照客体性质，罗马法将物区分为私有物与公共物以及可交易物和不可交易物，并按照这一分类标准确定只有私有可交易物才属于民法意义上的财产。② 私有物与公有物的区分标准确定个人或团体组织能否对物进行排他性占有，可交易物与不可交易物的区分标准确定所有权能否自由转移，排他性和可转移性是私有产权的两个基本特征。③我国土地不仅被禁止私人拥有，而且法律不承认任何形式的土地所有权交易，农村集体所有土地不属于私有财产物。对于这类超越传统民法调整范围的公有物，财产制度的重点是“建立社会成员如何共同利用或共同分享利益的秩序”和“建立一个静态的利用制度和管理维护秩序”。④

集体所有土地既不属于私有物，也不同于全民所有的公有物，它具有对外排他性和对内公有性特征。从对外方面来看，集体边界造成集体土地所有权的对外排他性，确定本集体与其他集体的关系以及集体与国家的关系。在此基础上，所有权人“对物可以以自己的意志独立进行占有、使用或采取其他支配方式，无须得到他人的同意”。⑤ 在对内方面，集体所有土地在集体成员之间不存在排他性，集体土地所有权行使

① 高富平：《物权法专论》，北京大学出版社 2007 年版，第 273 页。

② 高富平：《物权法专论》，北京大学出版社 2007 年版，第 273 ~ 274 页。

③ [美]哈罗德·德姆塞茨：《所有权、控制与企业：论经济活动的组织》，段毅才译，经济科学出版社 1999 年版。

④ 高富平：《物权法专论》，北京大学出版社 2007 年版，第 275 页。

⑤ 王利明：《物权法研究》（上卷），中国人民大学出版社 2007 年版，第 11 页。

需结合一套特殊的公共财产管理制度实现。

王利明认为集体所有这种产权形式内在包含集体成员对集体财产实施民主管理的含义，他指出："只有由集体成员通过民主程序来行使所有权，才能体现集体财产的公有性。"[①]按照集体财产民主管理要求，我国农村集体土地所有权行使主要是通过村民自治机制完成的。《中华人民共和国村民委员会组织法》（以下简称《村民委员会组织法》）第8条规定村民委员会的职能包括"管理本村属于村农民集体所有的土地和其他财产"。根据《物权法》第59条的规定，"土地承包方案以及将土地发包给本集体以外的单位或者个人承包""个别土地承包经营权人之间承包地的调整"和"土地补偿费等费用的使用、分配办法"等涉及集体土地所有权行使的重大事务，"应当依照法定程序经本集体成员决定"。《物权法》以成员权形式赋予集体经济组织成员管理权，"有助于加强集体经济组织内部的民主管理，保障集体经济健康有序的发展"。[②] 集体经济组织成员不分份额地共享集体所有权，在集体财产管理过程中，个体成员的意志需要转化为集体公共意志才能够行使集体土地所有权。这种公共意志是在全体成员意志自由表达的基础上通过少数服从多数的民主程序形成的。以村民自治方式行使集体土地所有权体现了民法中的意思自治原则。

意思自治原则在物权上体现为所有权人对物的直接支配和对外排他性权利。物权的支配性与排他性互为一体，[③]集体经济组织行使集体土地所有权以排除他人干涉为前提条件。学界对集体所有权排他性的

---

① 王利明：《物权法论》，中国政法大学出版社2003年版，第288页。

② 王利明：《物权法研究》（上卷），中国人民大学出版社2007年版，第535页。

③ 温世扬等指出，物权的积极权能体现为"物权人对特定物的直接支配权"，其消极权能体现为排除他人干涉的权利。参见温世扬、廖焕国：《物权法通论》，人民法院出版社2005年版，第50页。

关注主要集中在征地制度方面,除此之外的其他方面集体土地所有权行使问题,在实践和研究中较少被关注。当前集体所有的农地主要是以承包形式交付给农户使用,土地承包经营制度必须按照民主原则落实以体现农民的主体意志。

三、农地权利配置的效率原则

农地权利的配置影响农业经营效率,地权配置与土地利用方式高度相关,并最终体现为农业经营体制。十一届三中全会以后,我国农村开始推行以生产责任制为中心的制度改革,之后经历包产到户、包干到户等多种形式的生产责任制探索,确定“以家庭承包经营为基础、统分结合的双重经营体制”。[①] 双层经营体制作为“土地公有制的经营形式”实现,核心是确定“所有权归集体,使用权归农民”的新型农地制度。[②]

1982年中央一号文件指出,“联产承包制的运用,可以恰当地协调集体利益与个人利益,并使集体统一经营和劳动者自主经营两个积极性同时得到发挥”,“宜统则统,宜分则分,通过承包把统和分协调起来”。双层经营体制将农业生产过程区分为两个环节:第一个环节为单个农户通过劳动和其他生产要素投入可以完成的生产领域,第二个环节为公共品供给领域。农业生产中的以上两个环节分别属于制度经济学中的私有产权领域和公共领域。按照产权理论,私有产权存在激励

---

① 王利明认为,集体经营是家庭经营的保障,“没有集体经营层面,则难以保障社会主义集体所有制度的属性”。参见王利明:《物权法研究》(下卷),中国人民大学出版社2007年版,第48页。

② 杜润生:《杜润生改革论集》,中国发展出版社2008年版,第114页。

效应,公共领域的外部性造成行为者缺乏投资积极性。[①] 双层经营体制的优势在于,一方面,通过土地承包赋予农户使用土地的排他性产权,以激励农户解决农业生产第一环节的问题;另一方面,落实集体土地所有权,集体组织以所有人身份参与农业生产过程,通过公共治理方式解决农业生产第二环节的问题。[②] 以农田水利为例,稳定持续的农田水利主要通过大中型水利设施配套满足,水利系统运行需以村组为基本单元。集体经济组织在水利工程单位与农户之间发挥桥梁作用,解决买水、放水、管水、分水等复杂中间环节问题,为农户低成本提供高效稳定的水利服务。

地权配置中保持集体所有权与农户使用权相对平衡的关系,并设置统分结合的双层经营体制有两方面原因。

一是解决农业生产的外部性问题。实施家庭联产承包责任制后不久,细碎土地格局对土地利用的消极影响就凸显出来。当时农业生产中广泛出现的"农田水利工程老化失修,耕地地力下降,有机肥料减少,农业固定资产投入减少,耕作粗放"等问题,反映出我国"土地经营形式本身规模小"的先天弱点。[③] 在 20 世纪 80 年代的土地承包过程中,我国大多数农村按照人头平均配置地权,并且对每家每户的承包地进行远近肥瘦搭配,造成每户土地面积小且户与户的土地高度"插花"格局。小且散的土地格局造成农业生产中巨大的公共领域,而灌溉排涝、机耕

---

① 巴泽尔的研究表明,由于转让、获取和保护产权的交易成本必然存在,使任何产权永远都不能被完整界定,当所有者发现产权收益不能够弥补其成本时,就会将这种权利放在公共领域,使产权的排他性丧失,公共领域中的行为具有外部性。参见[美]Y. 巴泽尔:《产权的经济分析》,费方域等译,上海三联书店 1997 年版。

② 《中华人民共和国农业法》第 10 条规定:"农村集体经济组织应当在家庭承包经营的基础上,依法管理集体资产,为其成员提供生产、技术、信息等服务,组织合理开发、利用集体资源,壮大经济实力。"

③ 张路雄:《耕者有其田——中国耕地制度的现实与逻辑》,中国政法大学出版社 2012 年版,第 195 页以下。

道修建、种植结构调整、品种改良、土地整理等具有外部性，致使单家独户无法解决这些问题。1986年中央一号文件将农业生产中这些受外部性困扰的问题统称为“一家一户办不好或不好办的事”，以集体统筹方式解决这类问题能够极大提高土地利用效率。

二是解决地权分散问题。早期平均地权的土地承包政策在实现土地社会保障功能的同时，会在一定程度上降低资源配置效率。为提高土地利用效率，集体经济组织通过调地手段促使土地使用权从土地边际产出较低农户向边际产出较高农户转移。① 1984年中央一号文件提出“鼓励土地逐步向种田能手集中”，并规定“社员在承包期内，因无力耕种或转营他业而要求不包或少包土地的，可以将土地交给集体统一安排，也可以经集体同意，由社员自找对象协商转包”。1993年以后，政策允许土地使用权依法有偿转让，《农村土地承包法》规定土地承包经营权转让需经集体同意。当前农村劳动力大量外流对我国农业经营提出新要求，解决土地承包经营权高度分散现状与土地利用相对集中趋势的矛盾是促进农业发展的关键。我们调查发现，集体经济组织参与能够显著改善土地流转效率。②

第二次全国农业普查数据显示，截至2006年年末，全国共有农业生产经营户20,016万户，户均耕地面积9.13亩，劳均耕地5.3亩。③ 另

① 姚洋：《土地、制度和农业发展》，北京大学出版社2004年版，第8~9页。

② 安徽省繁昌县是一般农业型地区中土地流转比例相对较高的县市，该县自2007年开始推行土地流转政策，三年后全县耕地流转比例已经达28%，目前繁昌县平铺镇60%的耕地已经流转。为促进流转，繁昌县推行“三权分离、虚拟地块”的土地政策，农户保留土地承包权即收益权，经营权由集体经济组织集中后统一流转，集体在集中流转区之外为不愿流转的农户重新划分土地，解决地块“插花”格局。以集体经济组织核心调整土地产权关系是繁昌县土地流转快速推进的重要原因。

③ 转引自张路雄：《耕者有其田——中国耕地制度的现实与逻辑》，中国政法大学出版社2012年版，第21页。

有数据显示,2007 年年末平均每户拥有的地块为 5.86 块。[①] 一方面,地权高度分散状况与地块高度细碎格局既极大地提高了农地权利优化配置的交易成本,也极大地提高了农业公共品供给成本,二者都会降低土地利用效率。另一方面,受人地资源条件约束,用 20 亿亩耕地养活我国人口必须建立在农地高效利用基础上,我国农地制度设计必须满足物尽其用、地尽其利的目标。

第二节 土地承包经营制及其当前困境

自十一届三中全会以来,农地制度改革一直是我国农村制度变革的核心。[②] 土地承包经营制最初因为适应农村经营体制变革,并成功地解决土地集体所有与农地家庭利用的矛盾而成为我国农地制度的基石。通过土地发包,集体将土地所有权的部分权能让渡与农户并产生土地承包经营权,形成现有“共有私用”[③]的农地产权结构。以承包经营制度为切口,回顾和审视现有农地制度,可为下一步制度调整确定起点。

一、土地承包经营制度的演变

土地承包经营制度源于农村生产责任制的实施。以土地承包为主

① 丁关良:《土地承包经营权流转法律制度研究》,中国人民大学出版社 2011 年版,第 121 页。

② 陈锡文等认为,改革开放以来党在农村的基本政策“都是在土地集体所有、农民分户承包、家庭自主经营、农户自负盈亏的土地经营制度的基础上形成的”。参见陈锡文、赵阳、罗丹:《中国农村改革 30 年回顾与展望》,人民出版社 2008 年版,第 64 页。

③ 赵阳:《共有与私用——中国农地产权制度的经济学分析》,生活·读书·新知三联书店 2007 年版,第 17 页。

要内容的家庭承包经营制度首先确定的是集体与农户的经济关系。承包经营是提高经济效益的一种手段。陈甦指出:“承包经营关系,从本质上说是一种发包人与承包人之间的内部关系,其目的是通过给予承包人一定的自主经营权与经营成果相联系的预期报酬,来实现发包人的经营目标。在这一点上,土地承包经营制度实质体现的是集体内部分工分配的权利义务关系。”①经济意义上的承包经营制度并不限于农地领域,这种最早从农村经营制度改革中产生的经营方式,在20世纪80年代被广泛运用于我国各个经济领域。尽管这一经济意义上的制度变革包含对土地等生产资料占有和使用方式的调整,但其直接目标不是法律意义上的财产制度变革。为了保障家庭承包经营政策的持续性和稳定性,土地承包经营制度随后以法律形式被确定下来,《宪法》、《土地管理法》、《农村土地承包法》、《中华人民共和国民法通则》(以下简称《民法通则》)和《物权法》等都对其进行保护。1986年《民法通则》第80条第2款规定:“公民、集体依法对集体所有的或者国家所有由集体使用的土地的承包经营权,受法律保护。承包双方的权利和义务,依照法律由承包合同规定”,首次确认了土地承包经营权为一项独立的民事权利。自此,土地承包经营制度超越经济意义而具备财产制度意义。之后,通过调整土地承包经营制度实现的农地制度改革,日渐脱离经营体制改革的初始目标,逐步演变成扩大和保护农民土地产权的财产制度变革。

物权法确认土地承包经营权为用益物权,标志着财产权思路在农地制度改革上的实现。2013年中央一号文件提出,“改革农村集体产权制度,有效保障农民财产权利”,十八届三中全会《决定》明确“赋予

① 陈甦:《土地承包经营权物权化与农地使用权制度的确立》,载《中国法学》1996年第3期。

农民更多财产权利”的土地制度改革目标。[①] 在集体所有权受宪法保护的前提下,农地财产化改革主要通过避开所有权、做实使用权的方法实现,具体是逐步扩大和强化土地承包经营权。《决定》提出“赋予农民对承包地占有、使用、收益、流转及承包经营权抵押、担保押权能”,即体现此思路。

按照财产权思路改造农地制度并非不受限制。运用用益物权制度设计农地产权制度和农地利用制度,需将集体土地所有权当作前提,并将促进农地高效利用当作目标。前者涉及制度改革的合法性问题,后者涉及制度设置的合理性问题,下文分别对其进行探讨。

二、土地承包经营权与集体所有权的冲突

“共有私用”这种产权结构在实施之初便存在内在张力,即个体农户的使用权与集体土地所有权的冲突。集体土地所有权归“集体经济组织成员集体所有”,使用权归个体农户排他性地占有,使用权与所有权的矛盾也体现为个体农户与集体经济组织的矛盾。集体经济组织由个体农户组成,土地承包制度需要解决的问题是通过集体土地所有权行使,实现土地所有权权益在不同户之间的公平配置。

从集体经济组织角度来看,它作为财产所有人能够以两种方式实现其对财产的支配权:一种是自己积极行使所有权,另一种是非所有权人基于法律的规定或当事人的约定而行使所有权。[②] 土地承包经营属于集体土地所有权行使的后一种形式。用益物权是所有权“权能分离的结果”,设定用益物权是使“所有权的经济价值得到充分和完全的实

---

① 陈小君指出:“《决定》对我国农村土地改革遵循着‘赋予权利和回归权利’的逻辑主线,其主旨在于进一步恢复农地财产权利的应然价值”。参见陈小君:《我国农村土地法律制度变革的思路与框架》,载《法学研究》2014 年第 4 期。

② 房绍坤:《用益物权基本问题研究》,北京大学出版社 2006 年版,第 41 页。

现”,土地承包经营权是集体土地“所有权在经济上的一种实现方式”。①

从个体成员角度来看,在集体土地所有权上设置用益物权,可通过两种方式实现集体成员的所有权权益。第一种方式是,严格按照人头平均配置地权,每一个集体组织成员获得同等份额和同等质量的承包地。这种情况下,农户无须向集体经济组织支付对价,因为每份承包地所需支付的土地承包费恰好与每个成员应当享有的集体土地收益份额相当。维持这种承包方式的条件是每年进行土地调整。这种承包方式的管理成本高昂,且与农业生产对地权相对稳定要求相冲突,因此不可取。第二种方式是,在保证每个农民的法定承包权利前提下,由集体成员通过民主协商形式确定具体土地承包方案,包括地块搭配、承包数量、承包期限、集体与农户的权利和责任等,实施土地承包后维持一定程度的地权稳定格局。这种承包方式没有实施地权平均分配,必然产生使用权利占有不平均状态与所有权公平要求的矛盾。在这种情况下收取土地承包费,然后通过经济手段对那些暂时没有获得承包地的成员进行补偿,是较好的解决问题的办法。在取消农业税费之前,土地承包费一般用于集体公共开支,少占有承包地的农户无偿享受集体提供的公共服务,变相地实现其所享有的所有权权益,实现良好有序的地权配置局面。

土地承包费是集体土地所有权的经济实现,其功能是将集体经济组织所有享有的土地所有权价值化,促使农地制度从保护“所有”向促进“利用”的转变,既实现地权相对集中也保障社会公平。集体经济组织成员之间的这种所有权权益调平机制被农村税费改革政策打破。2005 年全国人大常委会决定废止《中华人民共和国农业税条例》,于

① 王利明:《物权法研究》(下卷),中国人民大学出版社 2007 年版,第 13 ~ 14 页。

2006年全面取消农业税和农业费,为巩固税费改革成果,2006年国务院办公厅下发的《关于做好当前减轻农民负担工作的意见》规定:“严禁向农民家庭承包的土地收取土地承包费。”在地权无法平均分配的情况下,集体内部可分为多占承包地和少占承包地的两类农户,取消土地承包费必然损害后一类成员的权益,造成人头上承包地少的农户与承包地多的农户之间的冲突。取消农业税费之后农村广泛出现的承包地纠纷现象与此有关。

《物权法》第127条规定:“土地承包经营权自土地承包经营权合同生效时设立。”该规定中前一个“土地承包经营权”是受物权法保护的用益物权,后一个“土地承包经营权”是指农户从集体承包所获得的土地使用权利。按照中央有关规定,第一轮15年土地承包到期之后,我国大部分地区开展了土地二轮承包。1997年中共中央办公厅和国务院办公厅联合下发的《关于进一步稳定和完善农村土地承包关系的通知》规定:“延长土地承包期后,乡(镇)人民政府农业承包合同主管部门要及时向农户颁发由县或县级以上人民政府统一印制的土地承包经营权证书。”土地承包经营权证书是农民拥有二轮承包地承包经营权的合法凭证,二轮承包时农户与集体签订的承包合同实际起到他物权设定的作用。① 二轮承包关系确定以后,土地承包经营权与设置负担的集体土地所有权被固定下来并共同受到物权法保护。集体作为土地所有权主体,按照承包合同向承包农户收取土地承包费是受法律保护的权利。国家通过公共政策强制取消土地承包费收取,改变二轮承包合同关系,实质是对集体所有权的侵犯。

---

① 王利明认为,在中国农村熟人社会中,农民之间的较高熟悉程度具有替代登记公示的功能,因此,“对于农村土地以及土地之上的而一些物权(如土地承包经营权、宅基地使用权)的设定和转移,不需要强制性要求必须采用登记的方法”。参见王利明:《论他物权的设定》,载《法学研究》2005年第6期。

《物权法》与二轮土地承包之后的政策调整存在矛盾，若《物权法》第127条有效，就必须得承认二轮承包之后的相关政策是违法的。反之，若是承认二轮承包之后相关公共政策具有合法性，则表明《物权法》的相关规定无效。现存农地制度中这个显而易见的矛盾在物权法立法过程中没有被讨论，表明集体土地所有权在理论上不被重视。在大多数学者看来，私有产权（单一主体所有权）是最理想和最可取的产权形式。受这种思维影响的学者在设计土地制度时，有意无意地按照私有产权模式改造集体内部的公共产权形态。陈小君认为，取消土地承包费的实质是取消农民作为集体土地所有权主体所享有的财产孳息权益，造成"农村集体土地所有权只是名义上的所有权，不具备所有权的本质属性"。[①] 从土地承包经营权的角度看，"拥有长久不变的农用地占有、使用、收益和转让处置权的承包权在经济效益上和私人所有权已经等价"，近年来推行的各项土地政策，实质"是对集体成员共享土地权利的否定从而使承包土地实际私有化"。[②]

三、集体所有权虚化降低农业生产效率

保护权利和促进土地利用是我国农地制度改革的基本目标，确定土地承包经营权为用益物权具有双重针对性。作为法定产权制度，物权法具有"定分止争、物尽其用"的功能。具体到土地承包经营权上，其"定分止争"的作用在于确认和保护农民私人拥有的农地使用权利，其"物尽其用"的目标在于通过这种权利设置来促进农地利用。"定分止争"与"物尽其用"可同步实现的逻辑，表明法学学者按照物权原则设计农地制度时，前置性地认定私有产权具有经济效率。依照私有产权模

① 陈小君：《我国农村土地法律制度变革的思路与框架》，载《法学研究》2014年第4期。
② 华生：《城市化转型与土地陷阱》，东方出版社2013年版，第62页。

式设计农地制度的学者，注意到了在农地上建立排他性产权所带来农业投资的激励效应，却忽视了地块高度细碎格局对土地利用的不利影响，以及我国农业生产过程的特殊性。

制度经济学将不能建立排他性产权的领域称为公共领域，农业生产过程中凡是一家一户不能完成的环节都属于公共领域的问题，公共领域中的行为具有外部性。土地越是细碎，一家一户所能够单独解决的生产环节就越少，农业生产过程中的外部性就越强。设计我国农地制度时，一般不宜将美国、加拿大或者澳大利亚这些新大陆国家作为参照对象，因为这些国家的大型农场不存在土地细碎化问题，其农地制度主要不是解决农业生产过程的外部性问题。东亚地区普遍存在农地细碎化问题，我国的农地制度宜与东亚其他国家和地区的农地制度做比较。日本和我国台湾地区的农地细碎化问题也比较严重，因此它们的农地制度中有相当部分内容是针对这个问题设计的。[①] 我国大陆农地细碎化程度甚于日本和我国台湾地区。虚化集体所有权并片面强化农户土地使用权的后果是加剧土地细碎化程度并不断消解该问题的制度基础。

在实施家庭承包责任制之初，政策制定者提出要发挥集体统筹功能，以应对农地细碎化格局所带来的农业生产不便。统分结合的双层经营体制是在实践中形成的、用于解决土地细碎化问题的一项独特制度。在双层经营制度下，农户与集体不是非此即彼的对立关系，而是在不同生产环节上发挥各自优势的互补关系，这就是政策文件中“宜统则统、宜分则分”的含义。统分结合的双层经营体制需要在特定的农地产权制度基础上发挥作用。与之匹配的农地制度主要包括两个方面：一

---

① 例如，《日本农地法》《日本农地调整法》等都对土地流转进行公共管理，目的是通过规范土地权利转移实现地权相对集中，以促进土地利用。

是允许集体以所有权主体的身份向农民收取土地承包费,用于解决公共品供给问题;二是在保持土地承包关系基本稳定的前提下,允许集体拥有协助地块调整的权利。

2010 年,我们对湖北省三个县市的农田水利状况进行全面调研,发现以农村税费改革为界,前后时期的农田水利状况发生了巨大变化。湖北省沙洋农民称 1983 年分田到户是“第一次单干”,2000 年以后的农村税费改革是“第二次单干”。“第二次单干”是指,取消农业税费以后集体统筹农业生产的功能丧失,全部农业生产环节由个体农户完成。调查发现,在取消农业税费之前,集体组织在农田水利治理中发挥重要作用。当时集体提留中的重要一项是“共同生产费”,“共同生产费”按照土地承包面积向农户收取,实际是土地承包费的一部分。农户所上缴的“共同生产费”由集体统一开支,农民获得由集体提供的农田水利等公共服务。取消税费后,“共同生产费”没有来源,集体退出农业生产领域,复杂的中间环节造成单个农户无法与水库、泵站等大中型水利工程单位对接,致使当地水利系统迅速瘫痪,农业退回到“靠天收”状态。[①] 具有惠农意义的税费改革政策破坏了集体土地所有权与土地承包经营权的平衡关系,削弱了集体统筹农业生产的制度基础,变双层经营为单层经营,极大地提高了农业生产成本并降低了土地利用效率效率。

近年来,随着农业生产技术的提高和农药化肥机械的广泛使用,传统意义上的土地肥瘦远近因素对农业生产效率的影响降低,地块成为影响耕作和机械使用的主要因素。我们在农村调研中发现,早期土地承包过程中形成的土地“插花”格局普遍困扰农业生产,如何通过小块并大块实现地块相对集中是当前农民普遍关心的问题。土地承包经营

① 贺雪峰、罗兴佐等:《中国农田水利调查》,山东人民出版社 2012 年版。

权受《物权法》保护，集体经济组织协助农户进行地块调整，很容易遭遇个别农户的反对，致使农地锁定细碎“插花”格局，不仅降低土地利用率，也造成国家公共投资无效。2013 年，我们分别考察了湖北四个县市与黑龙江建三江国营农场的农地整治实施情况，发现国营农场的农地整治投资效率远远高于一般农村，原因是国营农场的项目投资不受细碎土地产权格局的影响；[①]另外，在湖北的四个县市中，有少数村庄通过村民自治，在土地整治过程中将土地收归集体并打破二轮承包格局，这些实现地块集并村庄的农地整治效果远好于其他地权固化的村庄。[②]

按照产权理论，当一项产权的界定成本高于其收益时，保留公共产权较建立私有产权更经济。[③] 我国在早期农村改革中选择双层经营制度的核心在于，在某些不适宜建立私有产权的领域(一家一户办不好和不好办的环节)保留公共产权，采用公共治理手段解决问题，较好地解决土地细碎化带来的农业生产外部性问题。[④] 与双层经营体制相匹配，形成土地所有权与土地使用权相对平衡的产权结构。在此结构下，土地所有权保留收益权能和调整土地的处分权能，农户所享有的土地使用权不具有绝对排他性。之后的制度变革逐步取消集体土地所有权的收益和处分权能，物权法将土地承包经营权确认为一项能够对抗集体经济组织的独立物权，使之具备绝对性和排他性，消解统筹经营的产权制度基础。双层经营制度瓦解后，我国农业生产陷入彻底原子化的小

---

① 桂华：《为何黑龙江农垦的土地整治效果好》，载《土地整治动态》2013 年第 12 期。

② 桂华、余彪：《治理视角下的土地整治工作分析》，载《土地整治动态》（特刊）2013 年第 11 期。

③ [美]Y. 巴泽尔：《产权的经济分析》，费方域等译，上海三联书店 1997 年版，第 2 ~ 3 页。

④ 1983 年中央一号文件指出，“这种分散经营和统一经营相结合的经营方式具有广泛的适应性，既可适应当前手工劳动为主的状况和农业生产的特点，又能适应农业现代化进程中生产力发展的需要。在这种经营方式下，分户承包的家庭经营只不过是合作经济中的一个经营层次，是一种新型的家庭经济。它和过去小私有的个体经济有本质的区别，不应混同”。

农户分散状态，严重影响农业生产效率。

四、土地承包经营权违背物尽其用原则

土地承包经营制度最初是为解决土地利用问题而设置的，对土地承包经营权的保护需体现以利用为中心的制度设置原则。在20世纪80、90年代，家庭承包经营制度实现了由土地集中所有向土地分散利用的转化，所有权与使用权两权分离的产权结构激发了农民劳动投入的积极性并提高了土地利用效率，适应农村改革需求。当前农村劳动力大规模进入城市就业造成大量土地承包者脱离农业生产，由此出现了人地分离的情况。① 在农村人口加速流向城市的背景下，将土地承包关系物权化，与地权配置的效率原则冲突。

现代物权制度突出用益物权地位，目的是缓和所有权绝对性对资源利用的不利影响，包含"物尽其用"理念。用益物权制度能够提高土地利用效率的关键在于，保护非所有人所享有的土地使用权利。在农村劳动力大量流出之前，土地承包者与土地使用者是同一人，在此前提下保持土地承包关系稳定可保护农户的土地使用权利，有利于土地利用。在人地大规模分离的情况下，将土地承包经营权确认为用益物权，会造成土地承包经营权被大量不从事农业生产的农户占有，这种农地权利配置方式对土地利用不利。当前农村劳动力减少为地权重新配置带来动力，目标是促使地权相对集中以适应农业发展需求。将不从事农业生产农户所掌握的农地权利转移到实际耕作者手中，是农地制度下一步改革需要解决的核心问题。

---

① 2013年全国农民工监测报告显示，全国农民工总量近2.69亿人，占到农村劳动力总量的一半。其中，全国外出农民工16,610万人（包括举家外出农民工3525万人），本地农民工10,284万人，总量较2008年增加约4300万人。参见《2013年全国农民工监测报告显示》，载《中国信息报》2014年5月13日。

类似情况在日本和我国台湾地区也出现过。1960 年左右，日本第二、第三产业就业人数超过农业，为顺应扩大农业经营规模的发展趋势，日本农地制度在 20 世纪 60、70 年代以后发生明显转变，1970 年第二次修改《农地法》，不但整体放宽土地权利转移管制条件，而且增加了促进土地流转的内容；日本 1993 年制定的《农促法》则重点实施土地租赁政策以推动农地相对集中利用。[①] 我国台湾地区于 2000 年修订实施“农业发展条例”，推行新土地租赁制度，之后又推广“小地主大佃农”政策，目标是通过土地使用权流转推动农业规模化经营。[②] 日本和我国台湾地区在 20 世纪 60、70 年代以后共同调整制度以促进农地流转的原因在于，它们在“二战”后的土地改革中所形成的地权分散格局已经开始制约农业发展。

土地家庭承包经营政策实施以来，我国大部分农村在 20 世纪 80 年代初进行过土地平均承包，在使用权层面上实现地权平均配置，其效果与日本和我国台湾地区战后土地改革的后果相似。日本和我国台湾地区的经验表明，地权均平格局在社会发展到一定阶段后会成为农业发展的制约因素。针对农村人地分离的情况，当前我国农地政策继续强调保护土地承包者权利，并将土地承包经营权确认为用益物权；实质是将之前形成的地权分散格局进一步固化，与日本和我国台湾地区农地制度的调整方向恰好相反。为了推行新土地租赁政策以促进农地相对集中利用，我国台湾地区于 2010 年进行“民法”修订，增加农育权。农育权在性质上与土地承包经营权相似。增设农育权有利于解决农地分散所有与农业规模经营的矛盾，促进农地权利从土地所有者手中转移

---

① ［日］关谷俊作：《日本的农地制度》，金洪云译，生活·读书·新知三联书店 2004 年版，第 1 ~ 45 页。

② 颜爱静：《从制度观点评析台湾的“小地主大佃农”政策》，载徐勇等主编：《土地流转与乡村治理——两岸的研究》，社会科学文献出版社 2010 年版。

到农业经营者手中，农育权保护实际耕作者使用土地的权利。王泽鉴认为，设定农育权“具有促进农业发展及强化物种生态保护的重要功能”。[①] 同样作为用益物权，土地承包经营权实际保护的是承包者权利，与“物尽其用”的物权法理念相悖。[②]

贺雪峰将那些拥有土地承包经营权而就业和生活在城市的“农民”称为“不在村地主”。“不在村地主”主要由两类人组成第一类是通过考学、招工等方式在城市获得正式职业、户口已经迁入城市的原农业人口，他们因“增人不增地、减人不减地”政策而保留农村承包地；第二类主要是一批在城市从事技术工作或者进行个体经营的农民，他们保留农村户口和承包地但长期脱离农业生产。第一类人中有一部分将土地承包经营权转让他人，还有相当一部分人以“放在那里的态度”对待承包地，将承包地当作“乡愁”或者是等待升值，造成资源严重浪费。第二类人为保险起见，多数以短期出租方式处理承包地。随着城镇化发展和农民市民化规模扩大，未来将会出现越来越多的“不在村地主”。我们在调研中发现，“不在村地主”一般不关心农业基础设施改善，村组内部存在少量“不在村地主”会极大提高公共品供给成本。“不在村地主”的生活面向和利益都在城市，与在村的实际耕作者的利益存在差异，造成“每块土地都可能被不同的农民赋予了不同的偏好”，在利益取向层面上进一步加剧了农地细碎程度与“插花”格局。[③]

通常观点认为，土地承包经营权物权化以后，可以通过土地流转解决人地分离问题。当前政策也鼓励农民进行土地流转。法律规定的土

---

① 王泽鉴：《民法物权》，北京大学出版社2009年版，第315页。

② 孟勤国认为：“如果土地承包经营权可以留在不耕种的人手中，土地承包经营权就是变相的土地所有权，这无论对土地所有人还是农业生产经营者都是一种伤害，是不公平的。”参见孟勤国等：《中国农村土地流转问题研究》，法律出版社2009年版，第116页。

③ 贺雪峰：《地权的逻辑——中国农村土地制度向何处去》，中国政法大学出版社2010年版，第199页。

地流转形式可分为债权性质和物权性质两类。从各类调查数据来看，出租、转包是土地流转的主要形式，土地承包经营权直接转让所占比例很小。[①] 通过出租和转包形式产生的土地使用权属于债权，这就决定了当前大部分流入土地的农业经营者所获得的土地使用权利不被物权法保护。浙江省农业厅对绍兴与金华两市的300个种粮大户进行调查发现，有62.7%的大户选择"土地承包期太短"是进一步投资的制约因素，制度对大户经营的负面影响远高于其他因素。[②] 该项调查表明，现有农地权利配置制度与农业规模化经营的发展趋势相冲突。对此张路雄指出："单单维护承包者利益的政策，绝不等于保护耕作者的利益……只有保护耕作者利益，才能调动耕作者积极性，才有利于中国农业生产的发展。"[③]土地承包经营权直接保护承包者权利，实际耕作者权利不被物权法保护，随着土地流转规模加大，这种权利配置模式的负面效应将进一步显现。

上述分析表明，以土地承包经营为核心的现有农地制度很难适应当前农业生产和农业经营体制创新需求，片面保护个体农户土地使用权利会加剧地块细碎和地权分散格局，与提高土地利用效率和促进农业发展相悖。经过多年的改革，农民已经基本拥有承包地上的各项排他性权利。当前困扰我国农业生产和农业发展的主要问题并不是产权不清晰问题，而是我国农地高度细碎化格局所造成的农业生产过程中

---

① 2007年数据显示，转包和出租占总流转面积的78%。参见丁关良：《土地承包经营权流转法律制度研究》，中国人民大学出版社2011年版，第113页。

② 转引自张路雄：《耕者有其田——中国耕地制度的现实与逻辑》，中国政法大学出版社2012年版，第141页。

③ 张路雄：《耕者有其田——中国耕地制度的现实与逻辑》，中国政法大学出版社2012年版，第74页。

的广泛外部性问题与土地使用权错位配置问题。[①] 前一个问题主要表现为生产过程中的公共品供给困境及其带来的农业生产低效率；后一个问题与当前城镇化背景下的人地分离趋势有关。造成土地承包经营制度实践困境的根本原因在于集体土地所有权被虚化，未来农地制度需以集体所有权为核心进行重新构造。

第三节　尊重集体所有权的农地制度重构

以集体所有权为基础的农地制度重构，并不否认"共有私用"两权分离这一基本制度模式，而是要扭转之前改革所造成的所有权与使用权失衡关系。农地制度重构需要解决三方面问题：一是恢复集体所有权的地位；二是结合农业生产现实确立农地使用权利配置规则；三是建立集体所有权行使机制并保护农民的权利。

一、恢复集体所有权的地位

我国的农地制度演变主要是通过出台公共政策与立法两种形式完成。公共政策逻辑与法律逻辑存在本质差别，前者是公权力的运用，后者包含保护私权理念。民法、物权法的功能是"明确划分公权与私权的界限"，规定"物权范围内是私人活动的空间"并限制和约束公权力滥用，受物权法保护的集体土地所有权"不仅排除一般人的干涉，而且着

① 贺雪峰认为当前农民需要的不是抽象的物权，而是便利耕作的生产权利，他指出："对于从事农业生产的农民来讲，更大的土地权利并不意味着更多的收入和利益。相反，更大的土地权利却往往意味着更高的集体行动成本，更少的集体妥协，更难对付的'钉子户'和更加无法防止搭便车，从而是农户更难获得进行农业生产的基础条件……相对于更大的土地权利，从事生产的农民最需要的是耕作方便，是旱涝保收。"参见贺雪峰：《地权的逻辑——中国农村土地制度向何处去》，中国政法大学出版社 2010 年版，自序，第 6 ~ 7 页。

重排除国家的干涉”。[①] 受集体土地所有权私权性质约束,“在农村土地法律制度改革的历史进程中,民事权利与行政权力应该慎重审视,重新定位,以合理确立民事权利对行政权力加以有效制约的机理和制度”。[②]

现有农地制度存在诸多实践困境和法理悖论,凸显制度变迁路径的内在冲突。实施家庭承包责任制以来,一方面,农地制度法律化成为改革目标,农地制度不断按照私权体系改造;另一方面,这些制度改革很多是通过公共政策方式实现的,如历年中央一号文件几乎都包含农地制度的内容。以公共政策推动的制度变革,体现公权力的干预性,属于“强制性制度变迁”[③]模式,与土地财产化物权化目标相悖。公共政策逻辑与法律逻辑冲突的最典型例子是国家强制取消土地承包费的收取。土地承包费在 20 世纪 80 年代的中央一号文件中被统一称为“提留”,属于集体内部管理事务。1990 年国务院《关于切实减轻农民负担的通知》首次将集体提留当作农民负担,并作出限制性规定,显示公共政策对集体管理的干预。1991 年国务院公布《农民承担费用和劳务管理条例》规定,“承包耕地的农民按其承包的耕地面积或者劳动力向其所属的集体经济组织缴纳村提留和乡统筹费”,表明缴纳土地承包费依然是农民的义务。到了 20 世纪 90 年代中后期,农民负担逐步加重,“三农”问题凸显,中央启动农村税费改革工作,并于 2006 年全面取消税费。农业税是上缴国家的,农业费由“村提留”和“乡统筹”组成,“乡统筹”由农民负担乡镇一级公共开支,取消农业税和“乡统筹”两项,将农业生产剩余留在农村,具有重大民生意义。但是,“村提留”主要发挥

① 梁慧星:《如何理解物权法》,载《河南社会科学》2006 年第 4 期。

② 陈小君:《我国农村土地法律制度变革的思路与框架》,载《法学研究》2014 年第 4 期。

③ 林毅夫将由国家或集团通过强制政策法令推动实施的制度变迁称作强制性制度变迁。参见[美]科斯、阿尔钦、诺思主编:《财产权利与制度变迁》,刘守英译,上海三联出版社 1994 年版,第 384 页。

集体内部农地权益调平功能,“取之于集体,用之于集体”,不属于农民负担。进行二轮土地承包时,集体和农户都接受承包者负担土地承包费是取得土地承包经营权的前提。唯有承包户向集体上缴土地承包费,那些放弃承包或者少承包的农户才会接受土地承包不平均状态。从集体所有权的角度来看,国家政策强制取消集体提留是对集体权利的干涉。站在那部分当时放弃土地承包的农户的角度来看,取消土地承包费打破集体内部的利益再平衡机制,是对他们所分享的土地所有权权益的损害。

物权法并未规定设置土地承包经营权以上缴土地承包费为要件,“设定具体的土地承包经营权时,应允许当事人根据实际情况决定是否收取租金”。[①] 土地承包费属于集体土地所有权的实现,是否收取,属于集体经济组织内部事务,应交由所有权人决定。[②] 取消禁止收取土地承包费的强制规定,是对集体土地所有权的尊重。

集体土地所有权得不到尊重的第二个方面是集体经济组织调整土地的权利被剥夺。保持土地承包关系稳定与实施土地公平承包一直是一对矛盾,20 世纪 80、90 年代由于农业之外就业机会少,新增加人口的家庭有强烈获得承包地的诉求,出现了地权不稳定现象。在二轮承包之前,中央文件只是“提倡”承包期内实行“增人不增地、减人不减地”,表明调整土地是集体的合法权利;二轮土地承包过程中,中央下文规定要坚持“大稳定、小调整”原则,只允许“在个别农户之间小范围适当调整”,并严格调整程序,此后集体调整土地变成例外情况;《农村土地承包法》和《物权法》出台以后,土地承包经营权获得法律保护,除少数特

① 江平主编:《中国物权法教程》,知识产权出版社 2007 年版,第 308 页。

② 孟勤国认为,“土地承包费是集体土地所有权应有的权益,是正当合法的。说集体无权收土地承包费,很不尊重集体土地所有权。给农民减负不能成为剥夺集体所有权权益的理由。”参见孟勤国等:《中国农村土地流转问题研究》,法律出版社 2009 年版,第 151 页。

殊情况外,集体调地变成侵权行为。剥夺集体调整土地权利带来地权稳定积极后果的同时,也造成极多负面后果。

2008 年党的十七届三中全会通过土地承包关系“长久不变”的决议,意味着现有承包关系到期之后自动延续。该决定会将二轮承包过程中形成的地权格局和地块格局永久锁定,不符合当前中国城市化进程与农业经营体制创新趋势。贵州省湄潭地区于 1987 年开始进行农地“增人不增地,减人不减地”改革试验,并于 1997 年将承包期限延长为 50 年,最接近“长久不变”政策。国务院发展研究中心的刘守英等人于 2011 年在湄潭地区调查发现,“93% 的被调查者同意按人口进行土地再分配”。[①] 自首轮承包不动地以来,湄潭县有 12% 的农民没有分地,现实中却有 93% 的人主张土地再调整,其原因在于当前农民的主要诉求不再是公平获得承包地,而是希望通过土地调整解决地权细碎格局及其带来的农业生产困难。在农民就业渠道多样化的现实下,细碎土地格局已经成为制约农业生产的首要问题。其他学者的实证研究也显示出农民要求调整土地的强烈意愿。[②]

真正保护农民利益的农地制度应当从农民诉求出发。鉴于现有地权格局的不合理性,建议将“长久不变”理解为土地承包政策不变而非具体承包关系不变,具体承包期限以《物权法》规定的 30 年为准,为本轮土地承包到期之后预留集体土地所有权行使空间。本轮期限内,在现有土地承包关系总体不变的基础上,允许集体土地所有权人发挥民主管理职能,根据集体经济组织内部民主决议,通过地块适当调整实现每家每户土地的相对集中。

---

① 刘守英等:《贵州湄潭实行“增人不增地,减人不减地”24 年的效果与启示》,载《中国乡村发现》2012 年第 4 期。

② 高飞:《集体土地所有权主体制度研究》,法律出版社 2012 年版,第 318 ~ 322 页。

二、重构地权配置规则

农地制度归根结底是解决集体所有土地公平有效利用的问题，农地权利配置规则要与农业生产方式相适应。20 世纪 80、90 年代的农地制度主要是解决土地集中所有与农业家庭分散经营的矛盾，当前随着城镇化背景下人地分离趋势加剧，农地制度需要解决的主要问题是地权分散与土地相对集中利用的矛盾。对此，通常认为可通过土地承包经营权流转实现地权集中。党的十八届三中全会《决定》一方面在权能上赋予土地承包经营权可交易性；另一方面放开土地流转市场，体现这个思路。这种观点忽视现实中市场手段的有效性问题。

从保护实际耕作者权利和提高土地利用效率角度来看，真正意义上的土地流转应当以转让方式实现，即原承包者放弃土地承包经营权。选择市场手段的学者认为，当前土地承包经营权转让比例低是制度限制造成的。《农村土地承包法》规定“采用转让方式流转的，应当经过发包方同意”，该规定被认为“实际限制了农地的流转”。[①] 持此种看法的学者认为，推动土地承包经营权转让的关键是进一步赋予农民处置农地的权利。这类观点忽视农民转让土地承包经营权的意愿。实际上，土地承包经营权转让比例低是农民理性选择的结果。当前我国农民已经拥有除所有权名义之外绝大部分的农地权利，在农民预期到土地承包关系“长久不变”的情况下，转让土地承包经营权实质是放弃全部土地权利。这与私有制下的土地所有权转让性质相似。我国台湾地区在 20 世纪 70 年代以后开始放松土地所有权转让限制，随后政府又出台购地贷款政策帮助农场扩大经营规模，实际情况表明土地市场交易手段

① 高圣平：《新型农业经营体系下的农地产权结构的法律逻辑》，载《法学研究》2014 年第 4 期。

很难推动农业规模经营。① 我国台湾地区学者林英彦调查发现,所有权流转政策失败的重要原因是农民不愿意出售土地。② 我们在调查中发现,农民更愿意选择出租或转包承包地的主要原因是他们对城市打工生活缺乏预期,农民倾向将农地作为进城退路,因此,形成我国大多数进城离地农民在处理土地时"留着也是留着"的心态。日本20世纪60年代以后的农地政策也以土地使用权的集中为目标,经过30多年的努力,其户均经营规模由1960年的0.77公顷变成1995年的0.92公顷,效果也不明显。③ 由此可以预计,纵然是放宽土地流转政策,也不能改变土地承包经营权转让比例低的状况。

我国台湾地区和日本的经验表明"小规模土地私有只会阻碍土地流转",按照"产权私有+市场交易"理念设计的农地制度"不仅没有促进规模经营和农业生产效率的提高,反而抬高农产品生产成本,降低农产品在国际上的竞争力,最终只会增加政府的财政补贴"。④ 土地私有加产权细碎所造成的高昂交易成本是市场手段失灵的原因。⑤ 鉴于此,我国应当发挥土地集体所有的优势,实现土地集体所有向土地相对集中利用的直接转化。农村"四荒"地承包就是按照这个思路实施的。"四荒"承包既以收取承包费形式实现集体土地所有权,也解决土地集

① 1980年中国台湾地区农户数量是89万户、户均耕地面积1.02公顷、劳均耕地面积0.71公顷,1990年这三项数据分别是85万户、1.04公顷和0.8公顷,与1980年相比变化不显著。参见于宪宗等:《两岸农地利用比较》,社会科学文献出版社2004年版,第126~127页。

② 林英彦总结农民惜售土地的原因包括:(1)土地为祖遗财产,不可轻易处分;(2)目前没有使用大笔资金之需要,卖了土地所得价款不知如何处理;(3)土地不卖,留着只会涨价;(4)万一子女在都市失业,回来有地可种,耕地等于保险金。参见高兴松:《小农制与台湾农业的发展》,载《台湾研究集刊》1999年第2期。

③ 王景新:《中国农村土地制度的世纪变革》,中国经济出版社2001年版,第419页。

④ 温铁军:《"三农"问题与制度变迁》,中国经济出版社2009年版,第302页。

⑤ 对日本和我国台湾地区农地流转效率低下的原因分析,分别参见王景新:《中国农村土地制度的世纪变革》,中国经济出版社2001年版;曾祥炎、王学先:《加强政府农地流转的干预——对台湾第二次土地改革的反思》,载《华南农业大学学报》2004年第4期。

中利用问题,“四荒”承包制度中的某些成功经验可被下一步农地制度改革所借鉴。具体操作包括以下几个方面。

首先,以1998年算起,我国大部分农村二轮土地承包合同在2026年到期,土地承包关系在合同期内原则维持不变,可通过收取承包费解决“共有私用”的矛盾。由全体经济组织成员通过民主协商形式确定土地承包费标准之后,集体经济组织采取动账不动地的办法,解决人口变动带来的农户之间土地权益不平衡问题,保障每个集体成员公平分享集体土地所有权权益。土地承包费收取之后,一部分用于集体公益事业开支,如维护农田水利设施,剩余部分用于集体分配,按照当年户籍人口(享受城市社会福利政策的除外),[①]计算人均耕地面积并确定每户应当享有的收益。该措施可解决二轮土地承包以来由地权配置不均引发的大量矛盾。另外,土地承包费相当于持地成本,该措施可以改变离地农民对于土地“放着也是放着”的态度,推动土地流转,减少资源浪费。

其次,维持土地承包政策而非具体承包关系“长久不变”,避免家庭承包“人人有份”的平等分配方式,[②]及其在初始分配过程中造成的农地使用权分散格局。待二轮承包合同到期后,解除之前承包关系,由集体经济组织重新发包。具体发包方案按照《农村土地承包法》规定,由集体经济组织成员依法定程序决定并执行。可以预计的是,随着农村人口加速流入城市就业或者生活,将来会有越来越多的农民放弃土地承

① 确定集体成员资格一直是集体土地所有权行使中的难题,农地具有社会保障性功能,大部分学者赞同以是否享有城市社会保障与是否具有本村户籍两项为主要条件确定成员资格。随着城镇化加速,将有越来越多农民进入城市生活并享有国家提供的社会保障,这部分人将退出农村土地权益分享,将其土地利益留给不能进城的农民享受,这对于城乡统筹和缩小城乡差距具有积极意义。参见韩延赋:《对当前涉农纠纷疑难问题的司法解决》,载《法律适用》2008年第1、2期。

② 胡康生主编:《中华人民共和国物权法释义》,法律出版社2007年版,第279页。

包，届时可将土地直接承包给经营户，一次性解决地权集中和地块集中问题。土地实施有偿承包，自愿放弃承包地且未享受城市社会保障的农户以经济方式实现其享有的所有权权益。

最后，在二轮承包期内，发挥集体经济组织的管理职能。对于农民不愿意耕种或无力耕种且无法流转的承包地，集体经济组织可以收回。集体对农户在土地上从事提高肥力以及其他改善生产条件的投资做出补偿后，消灭该农户享有的土地承包经营权。为减少资源浪费，还可参照国有土地使用权管理办法，集体强制收回撂荒两年以上的农地。[①] 土地收归集体之后由集体经济组织统一发包处置。重新发包土地需遵循两点原则：一是保障本集体成员的土地"用益"权利；二是采取集中连片承包原则。本集体经济组织中没有承包地或者只有较少承包地的农户有权优先承包这部分土地，剩余部分由其他农户连片承包，再有剩余，经本集体成员协商同意，可由本集体之外的组织或个人承包。[②]

三、限定土地流转方向

无论是二轮承包期内的土地承包经营权流转，还是二轮到期之后通过集体经济组织重新发包土地，目的都是创新农业经济体系，结果必然是塑造一批新型农业经营主体。在此还需要讨论土地流转方向，即农业经营者的主体资格问题。该问题是当前农地制度改革中的争论焦点问题，因此单独一节论述。

党的十八届三中全会《决定》提出鼓励承包经营权向专业大户、家

---

① 1984 年中央一号文件规定："荒芜、弃耕的土地，集体应及时收回"；1987 年中央五号文件规定："弃耕荒芜的，要给予经济处罚，直至收回承包地。"

② 土地承包费分配与集体成员优先承包两项措施，保障集体成员享有的所有权权益和"用益"权利；承包经营权主体主体资格限制主要是农业经营问题，应当由农业法作出专门规定，以保障"农地农有"原则。

庭农场、农民合作社、农业企业等主体流转,显示中央政府放宽土地承包经营权处分限制的政策动向。陈小君认为下一步改革要“放开对承包经营权处分权能的限制,进一步恢复其财产权属性”,对于土地承包经营权处分条件的设定,她认为只需要维持原承包合同内容和保证土地用途不变即可。[①] 与之相似,高圣平认为实施土地承包经营权流转时,不仅要取消“要求转让人有稳定的非农职业或稳定的收入来源”的限制,而且要取消对土地承包经营权受让人的资格限制。[②] 法学学者倾向从财产处分自由的角度思考土地流转问题,忽视农地民生内涵以及“农地农有”原则对农民的土地“用益”权利的保护。

再以日本和我国台湾地区为例说明“农地农有”原则的重要性。受战后确定的“自耕农主义”制度理念影响,日本《土地法》所规定的“农业人”长期限定为“个人或家庭”,对法人取得土地权利一直持否定态度,日本直到2000年修改《农地法》时,才在严格规定农业法人构成要件的前提下承认股份公司形式的农业生产法人。[③] 与日本农地制度相似,我国台湾地区在土地改革运动中也确定保护自耕农的“农地农有”原则。之后随着工商业发展,为促进土地集中利用,我国台湾地区的农地政策开始松动“农地农有”原则,但是在推行土地租赁政策时依然对农地承受人资格进行严格限制,例如,我国台湾地区“农业发展条例”规定农民团体、农业企业机构和农业试验研究机构之外的私法人不得承受耕地。[④] 日本和我国台湾地区对“农地农业”原则的坚持说明,农地与一般财产不同,农地权利转让要受到诸多限制。

---

① 陈小君:《我国农村土地法律制度变革的思路与框架》,载《法学研究》2014年第4期。

② 高圣平:《新型农业经营体系下的农地产权结构的法律逻辑》,载《法学研究》2014年第4期。

③ [日]关谷俊作:《日本的农地制度》,金洪云译,生活·读书·新知三联书店2004年版,第79~80页。

④ 《两岸农地利用比较》,社会科学文献出版社2004年版,第366页。

人地关系紧张是日本和我国台湾地区坚持"农地农有"原则的重要原因。实施"农地农有"政策,可以保障农民使用土地的权利,解决其就业和生存问题。在工业化转型之前,我国台湾地区的农地制度体现"地利共享"的社会公平理念。对此有学者指出,"农地为农业生产不可或缺的要素,人民只要拥有农地,就把握了工作权利,就可以享受收益,生活就有依靠,生存才有保障"①。2009年我国台湾地区启动"小地主大佃农"政策后,配套建立老农退休机制,通过发放劳动津贴、维护老农农保资格和提供离农退休老年农民理财规划咨询服务等手段,保护"小地主"的权益。② 杜润生曾指出,我国农业的根本问题是"农业人口数量和土地资源不匹配"。③ 随着农民外流转移一部分农村劳动力,当前我国留在农村的劳动力还有大约2.7亿,农业人口与土地资源的紧张关系依然严峻。在此背景下取消土地流转限制,允许农民之外的组织和个人获得土地使用权利,会挤压农民的生存空间。

面对我国人多地少和1.9亿农户依然从事农业生产的现实情况,陈锡文认为土地流转方式应当受到限制,他说:"在没有外力进入的背景下,城市化带来的人口减少,同时也意味着继续留在农村从事农业的农户土地经营规模的扩大。"④这一观点延续了之前的中央政策精神,2001年中央下发的《中共中央关于做好农户承包地使用权流转工作的通知》规定:"农村土地流转应当主要在农户间进行。随着农村第二、第三次产业发展和城镇化步伐加快,离开土地的农民会越来越多,他们腾出来的土地应当主要由其他从事农业生产的农户来经营,以扩大农户

---

① 《两岸农地利用比较》,社会科学文献出版社2004年版,第345页。

② 颜爱静:《从制度观点评析台湾的"小地主大佃农"政策》,载徐勇等主编:《土地流转与乡村治理——两岸的研究》,社会科学文献出版社2010年版。

③ 杜润生:《杜润生改革论集》,中国发展出版社2008年版,第111页。

④ 陈锡文:《把握农村经济结构、农业经营形式和农村社会形态变迁的脉搏》,载《开放时代》2012年第3期。

的经营规模,增加务农收入,缓解人地矛盾,这也有利于保护耕地。”在坚持“农地农有”原则的基础上推动我国农地使用权在农村内部相对集中,审查流转入土地的主体资格,限制工商资本下乡与农民争地争利是放宽土地流转政策必须要考虑的。

四、建全集体所有权行使机制

建全集体所有权行使机制是重构农地制度的关键。《土地管理法》《物权法》等规定集体土地所有权主体是农民集体,集体土地所有权由集体经济组织、村民委员会或者村民小组代表行使,形成农民集体与所有权行使主体之间的“委托—代理”关系。[①] 集体所有权行使包括两个环节。首先,农民集体作为所有权主体是由“成员个人的人格集合成了成员集体的人格”,[②]所有权人的意思是集体成员意思的集合,因此要建立集体公共意思形成机制。其次,所有权行使主体代表所有权人行使所有权,是对集体公共意志的执行,要建立监督机制以避免所有权行使主体行为异化。如何保障集体所有权有效行使曾是物权法立法过程中讨论的重点问题之一。全国人大法律委员会在关于《中华人民共和国物权法(草案)》的情况汇报中指出:“在现实生活中,有些干部不依法办事,擅自处分集体财产,严重侵害农民权益的情况时有发生,农民对此反应强烈。”[③]之后物权法定稿对农民行使集体所有权作出若干规定。结合现有法律制度,建立健全集体土地所有权行使机制可从两方面入手。

一是完善村民自治。人民公社“政社合一”体制瓦解之后,公社原

---

① 董景山:《农村集体土地所有权行使模式研究》,法律出版社 2012 年版,第 119 页。

② 韩松:《论成员集体与集体成员》,载《法学》2005 年第 8 期。

③ 全国人大法律工作委员会民法室编著:《物权法(草案)参考》,中国民主法制出版社 2005 年版,第 67 页。

经济管理职能由集体经济组织承担，但是我国大部分农村地区的集体经济组织有名无实，其职能实际由村民委员会或下设村民小组承担。村民委员会“实行民主选举、民主决策、民主管理、民主监督”，从制度设计上看，“村民委员会作为村民自治，(图书馆校对)代表农民集体管理本集体所有的土地和其他财产，行使集体所有权是其应有的职责，是完全符合其性质的”。[①] 当前由村民委员会通过村民自治机制管理集体土地，在制度层面和理论上，都不存在疑问。完善村民自治的关键是让其运转起来，畅通农民意见表达渠道并真正实现集体民主决策。

作为一项政治制度，村民自治的精髓在于其实践性。我们在全国农村考察中发现，越是中西部一般农村的村民自治越是没有运作。其原因是这些村庄中除集体土地之外几乎没有其他公共资源。缺乏公共资源，既造成村民自治运行成本无法负担，也缺乏吸引农民参与集体公共管理的激励机制。近年来，随着私有产权思路在农村土地制度改革上的推行，土地的公共利益性质弱化，对基层民主造成负面影响。村民自治是管理集体所有土地的手段，包括土地在内的公共资源亦是基层民主的激活因素。城市居民小区的物业管理也体现同样道理。若无建筑物区分所有这种产权形式所包含的公共利益成分(共有权部分)，具有自治性质的业主委员会既不能运转，也无存在之必要。曾经以乡镇党委书记身份上书总理呼吁减轻农民负担的李昌平，是当前最明确反对国家强制取消土地承包费的学者之一，他认为该措施实质取消了集体土地所有权并将造成村民自治丧失载体。[②] 现实情况印证了李昌平的判断。

集体土地所有权的与村民自治这一所有权行使机制的相辅相成关

① 王利明主编:《物权法名家讲坛》，中国人民大学出版社 2008 年版，第 140 页。
② 李昌平:《再向总理说实话》，中国财富出版社 2012 年版，第 23 页。

系，在法律学界较少被关注，大多数法学者主张通过产权改革解决集体土地所有权的行使问题。殊不知，若是真正以私有产权形式改造集体土地所有权，便不再存在集体所有权行使问题，村民自治这项政治制度将随其基础瓦解而消失。本书是在与消解村民自治不同的思路上探讨解决问题的办法。

二是加强立法与司法救济。农民集体所有权包含集体与个体的统一关系，个人利益是集体利益的“最终目的”，[①]因此，集体土地所有权行使最终是要保障集体成员的权利。保障成员的个体权益与实现集体公共决策，属于民主管理过程的一体两面。《宪法》、《中华人民共和国村民委员会组织法》（以下简称《村民委员会组织法》）和《农村土地承包法》等对集体民主管理方式进行原则性规定，物权法在保障集体成员权益方面有新推进。

《民法通则》和《土地管理法》分别将集体所有权主体界定为“劳动群众集体所有”和“农民集体所有”。《物权法》采用新的定义，规定集体土地属于“农民成员集体所有”，引入成员权制度，在一定程度上解决了所有权主体虚位问题。王利明等指出：“之所以强调‘成员集体所有’，是为了强调集体成员对集体财产享有共同的支配权、平等的民主管理权和共同的收益权……密切集体成员和财产之间的关系，防止集体组织的负责人滥用集体的名义侵吞集体财产或者损害集体成员的利益。”[②]有学者认为集体成员权等同于公司股东的“股东权”，[③]明确集体成员权，将成员个体在村民自治中的政治权利转化为民事权利，真正

① 韩松：《关于农民集体所有权问题的问卷调查报告》，载《宁夏社会科学》2005年第6期。

② 王利明、周友军：《论我国农村土地权利制度的完善》，载《中国法学》2012年第1期。

③ 周世中、邓文婷：《“股东权”实现伦理与社会主义新农村的村民自治权》，载《法学论坛》2006年第5期。

"恢复土地所有权作为民事权利的本来意义,并按照民事法律关系理论,从主体、客体、权利义务以及法律责任的基本结构等方面,重新解释和构造这种权利"。[①] 成员权是包含财产利益内涵的私法权利,与村民自治权利存在司法救济困难相比,可顺利进入民事诉讼渠道而获得司法救济,并反过来促进村民自治运行与集体土地所有权行使。

在集体所有权行使方面,《物权法》所规定的集体成员权包括,第59条集体成员参与集体重大事项集体决策的民主管理权利,第62条集体成员监督所有权行使主体行为的监督权利,第63条合法权益受侵害时集体成员申请法院撤销集体经济组织、村民委员会或者其负责人决定的撤销权利。集体所有权行使既需要在程序上合法,也需要保护集体成员的实质权利。集体所有权行使通过村民自治完成,集体所有权向成员个体利益转化需要经过公共管理过程。这个过程要完成集体权利向个体权利的重新界定,它是政治过程而非对已经界定清楚的权利实施保护的法律执行过程,由此便产生集体所有权行使中法律途径与村民自治的矛盾。[②] 集体所有权构成相对于成员个体权益的公共权益领域,只要承认集体所有权存在,则法律便不可能完全将实质权利界定到个体。《物权法》第59条和第62条倾向从程序上保障集体所有权行使,按照国务院颁布的《关于健全和完善村务公开和民主管理制度的意见》,凡是不按照法定程序作出的集体决议均无效。《物权法》第63条是从实质权利角度保护集体成员个体的权益,它所要解决的问题是集

---

① 孙宪忠:《中国物权法总论》,法律出版社2003年版,第73页。

② 这个矛盾在土地补偿款分配纠纷问题中被较多讨论。2005年最高人民法院公告公布的《最高人民法院关于审理涉及农村土地承包纠纷案件适用法律问题的解释》的相关规定,法院只受理征地补偿安置方案已确定但未履行的起诉,将补偿安置方案形成过程排除在外,其原因是"最高人民法院一直坚持认为,集体财产的分配获得引起的法律关系不属于平等主体之间的民事法律关系",该规定体现了对村民自治的尊重,也是为避免引发大量农民信访问题。参见张旭勇:《村民民主决策权的司法救济制度研究》,中国法制出版社2012年版,第122页。

体决议通过合法程序完成后个别成员权益的维护,《物权法》并没有从个体角度对集体成员的合法权益作出明确规定。[①] 鉴于中国农村情况十分复杂,且各地情况差异很大,《物权法》仅作抽象规定的做法存在合理性,更具体的规定需通过司法实践中的经验积累形成。

以上讨论现有农地制度的实践和理论困境,并质疑当下流行的一些改革主张,目的是在新的思路上探讨农地制度改革问题。以集体所有权为基础的农地制度重构方案并非抽象的规范构想,而是基于当前我国农业生产要求和构建新型农业经营体系的要求,并结合日本与我国台湾地区的历史经验提出的。当前快速城镇化进程造成农村人地分离趋势加剧,早期均平地权的家庭承包经营政策所形成的地块细碎和地权分散格局,已经成为影响土地利用和制约农业发展的主要矛盾。按照意思自治原则设计集体所有权行使机制,直接实现农地使用权相对集中,并通过所有权价值化实现集体成员所有权权益,可同时满足地权配置民生、民主和效率三个基本原则的要求。

---

① 2005 年公布的《最高人民法院关于审理涉及农村土地承包纠纷案件适用法律问题的解释》拒绝受理集体经济组织成员就用于分配的土地补偿费数额提起的诉讼,没有直接规定集体成员个体所具有的实质权利;2009 年公布的《最高人民法院关于当前形势下进一步做好涉农民事案件审判工作的指导意见》在这方面略进一步,但对个体权利的规定依然比较概括,仅规定“要依法充分保护农村集体成员特别是妇女、儿童以及农民工等群体的合法权益”。

第二章　城乡建设用地二元制度合法性分析

第一节　城乡建设用地二元制度

建设用地是相对于农用地和未利用地的土地用途分类范畴，在土地管理中，农村建设用地与城镇建设用地因所有权主体不同而形成不同管理制度。城乡建设用地二元制度的主要表现是乡镇建设用地使用权可依法转让和抵押，农村建设用地禁止入市。我国实施土地公有制，土地不能成为市场交易对象，土地要素参与市场配置主要通过土地使用权流转实现。为了适应社会主义市场经济发展，我国于1988年修订《宪法》，规定“土地使用权可以依照法律的规定转让”。包括农村宅基地在内的集体建设用地使用权原则上属于《宪法》规定的“可以依照法律的规定转让”的对象。与城镇建设用地使用权和农村土地承包经营权分别获得“依法转让”依据不同，《土地管理法》规定农村集体建设用地一般“不得出让、转让或者出租用于非农业建设”,[1]同时国务院和国土资源部连续下文规定禁止农村宅基地使用权直接转让。因为缺乏具体法律依据,宪法中“土地使用权可以依照法律的规定转让”的原则性规定在集体建设用地方面成为具文。

1988 年《宪法》修订之后,《土地管理法》也被修订,在其中的第 2 条中增加的两款之一是,“国有土地和集体所有的土地的使用权可以依法转让。土地使用权转让的具体办法,由国务院另行规定”。基于集体建设用地自由入市的主张,一些人认为国务院没有完成制定农村建设用地具体流转办法的“法定委托”责任,存在“违宪”[2]嫌疑。这种观点是将《宪法》中的原则性规定当作集体建设用地入市的充分条件。土地使用权可转让原则首先在城镇建设用地上实现,并具体化为《中华人民共和国城市房地产管理法》(以下简称《城市房地产管理法》)等相关规定,随后在农村承包地上实现,具体化为《农村土地承包法》的相关规定。可以看出,土地使用权转让与市场手段引入土地要素配置有关。国务院迟迟没有出台农村建设用地使用权转让办法,主要原因是农村土地被排斥在建设市场之外。

由于集体建设用地不能入市,在城镇扩张和土地征收过程中,显示出农村集体建设用地与城镇国有建设用地的差异。集体建设用地和农村住房不仅不能进入城镇房地产市场,而且需要通过国家征收后才能进行经营性开发,并且与国有建设用地的市场价值存在天壤之别。批评集体建设用地禁止入市违宪的学者认为,征地制度是对农民财产权利的剥夺,并认为集体建设用地与国有建设用地“不同权”违反不同主

① 《土地管理法》第 63 条规定:“农民集体所有的土地的使用权不得出让、转让或者出租用于非农业建设;但是,符合土地利用总体规划并依法取得建设用地的企业,因破产、兼并等情形致使土地使用权依法发生转移的除外。”

② 周其仁:《为什么城市化离不开农地农房入市》,载《经济观察报》2014 年 9 月 6 日。

体所有权平等保护的法律原则。为实现城乡建设用地“同地同权”,当前存在两种改革观点:第一种是取消征地制度,实施“农地农房”直接入市,如主张“小产权房”合法化;第二种是维持征地制度,但在征地过程中要按照土地市场价值补偿农民。相关改革主张主要指向新增城镇建设用地供给中的土地增值收益分配,持上述两种改革观点的人都提出了“保护农民利益”的目标。本章将分析城镇化过程中的土地增值来源与收益分配的复杂性,揭示以上两种改革主张与我国土地制度的公共利益取向存在的冲突,探讨城乡建设用地二元制度的合法性问题。

第二节 城镇化过程中的土地增值收益及其分配

一、城镇化与土地自然增值

城乡建设用地的显著市场价值差异是推动制度改革的基本动力。城乡建设用地二元制度备受批评的重要原因是集体建设用地禁止入市,造成农民的土地财产不能变现而沉寂为“死资产”。农村集体建设用地蕴含巨大财富的话语弥漫于当前社会中。据《中国经济周刊》报道,有专家对农村建设用地的价值估算为130万亿,具体算法为,通过2012年全国土地出让面积和合同成交价款计算出建设用地价格为每亩56万元,再以此推算全国2.46亿亩的农村建设用地总价值。① 我国2013年GDP总值约为56万亿元,放开农村建设用地市场竟然可带来相当于当前国内生产总值两倍多的社会财富,这必然不可能。按照城镇国有建设用地平均出让价格估算农村建设用地市场价值,表明包括

① 《三中全会激活15亿亩农村土地 价格或达130万亿》,载《中国经济周刊》2013年11月25日。

部分专家在内的社会公众陷入了土地财富“幻觉”。

上述估算方法的明显错误之处是忽视总量概念。商品市场价格由供求关系决定，供给缺乏弹性而需求旺盛则会推动商品价格快速上涨。近年来我国城镇建设用地出让价急剧上升是由快速城镇化用地需求增加与建设用地供给不足造成的。为了节约土地资源和促进城镇合理建设，我国采用偏紧建设用地供给政策。国土部近年来每年批准建设用地计划指标 50 万公顷左右，低于地方政府需求。在国有建设用地供给中，剔除掉公共基础用地一类划拨供给之外，每年政府出让土地比例不足全部的 60%。以 2013 年的情况为例，当年我国出让国有建设用地共 36.7 万公顷，包括住宅用地、商服用地与工矿仓储用地三类，这三类土地在全部土地出让中的比例大致为 3:2:5。住宅与商服用地价格高，政府除去征地补偿与土地开发等成本支出之后，可在这两类土地出让中获得“土地财政”收入，而工业仓储用地出让收入一般与成本相抵，政府基本不能从中获得节余。我国政府垄断城镇建设用地一级市场主要是从占全部建设用地供给量不足三成的住宅和商服用地中获益。这就意味着，唯有城镇住宅用地与商服用地供给总量较少时，才能维持二者较高的市场价格。放开农村建设用地入市必然会打破当前城镇建设用地的市场均衡，造成建设用地的市场价格下降。由此可见，不能用城镇建设用地市场价格推算农村建设用地的财产价值。

城乡建设用地总量概念的另外一个表现是，城镇化不可能无限扩张，这便决定了纵然建立城乡建设用地统一市场，也不是所有的农村建设用地都可以转化为城市建设用途。从 2000 年到 2013 年我国城市建成区面积由 3366 万亩扩大到 7185 万亩，城镇化率提高 17.48%，相当于城镇化率每提高一个百分点增加城市建成区面积 218 万亩。按此规模计算，城镇化率再增加 20%，需占用土地 4360 万亩。当前我国农村建设用地超过 2 亿亩，即使未来退出 1 亿亩，也是因城镇发展规模限制而无法直接征收或者以建设用地指标形式消化的。这进一步说明,农村建设用地蕴含巨大财富观点的荒谬性。

在缺乏建设用地总量概念的情况下,部分学者认为城乡收入拉大的重要原因是农民所拥有的土地资源不能带来财产收益,并将原因归结为制度不合理。[①] 这类观点在社会上广为流行,说明部分学者与一般大众误会了土地增值原因。土地市场价格是地租资本化的反映。城镇建设用地市场价值高由级差地租规律造成。按照马克思的划分,级差地租分为级差地租Ⅰ与级差地租Ⅱ两类,级差地租Ⅰ主要与土地区位因素有关,级差地租Ⅱ由土地使用者投资带来。城镇建设用地价格受级差地租Ⅰ规律支配,表现为城镇建设用地价格与区位因素高度相关。“杜能—阿隆索”地租竞价模型描述了在理想市场状态下,不同类型产业用地在城市中的区位分布规律,即随着土地使用者的地租支付能力降低,自城市中心向外依次为商业用地、办公用地、住宅用地与工业用地。[②] 2013 年全国 105 个监测城市综合地价、商服地价、住宅地价和工业地价每平方米分别为 3346 元、6306 元、5033 元与 700 元,符合土地市场中的竞价规律。

城镇化表现为城市边界变化与内部空间布局变化,这带来了特定地块的区位变化。例如,之前城镇外围规划区农用地或未利用土地进入建设区变为建设用地,或者城镇内部基础设施建设带来原有建设地块相对位置变化,受级差地租规律支配,两种情况下特定地块的市场价值都发生了变化。我国当前城镇划分为边界扩展和内部密度增加两方面,既造成部分农地转化为新增建设用地,也造成城镇存量建设用地整体价值提高,实现城镇化过程中的土地自然增值。

---

① 周其仁:《增加中国农民的家庭财产性收入》,载《农村金融研究》2009 年第 11 期。

② 郑振源:《征地补偿中的几个理论问题》,载《中国土地科学》2012 年第 7 期。

二、土地增值分配中的利益主体

土地本身不产生财富，城镇化过程中的土地自然增值收益是由城镇化带来的。具体而言，由两方面因素造成当前城镇建设用地（主要是住宅用地和商服用地）市场价值高于农地，分别是偏紧的土地供给政策抬高城镇建设用地价格，以及城镇化带来建设用地需求增加和区位条件改善。前一方面可看作土地增值的政策因素，后一方面属于推动土地市价上涨的经济因素。这两方面都与土地占有者的私人行为没有关系，即无论是新增建设用地升值还是存量建设用地升值都不是私人投资结果。孙中山曾指出："上地之岁收，地价之增益，公地之生产，山林川泽之息，矿产水力之利，皆为地方政府之所有，而用以经营地方人民之事业，及育幼、养老、济贫、救灾、医病与夫种种公共之需"。[①]依照土地"涨价归公"原则制定的土地政策包含土地自然增值收益社会化目标。土地在我国属于公有制基本生产资料，土地公有制内在包含土地增值收益在社会大众间公平分配的原则。土地增值收益分配上的利益主体可区分为四类。

一是城镇居民。此处所指的城镇居民包括拥有城镇户籍的居民和一部分没有城镇户籍却在城镇拥有房产的农民。这部分城镇居民拥有房产，成为城镇存量建设用地的实际占有使用者。在快速城镇化过程中，城市人口集聚与投资增加提升城市经济密度所带来的存量建设用地自然增值转为城镇居民房产价值上升。在法定期限内，建设用地使用权实质具备所有权权能。《物权法》规定："住宅建设用地使用权期间届满的，自动续期"，这意味着城镇居民永久占有部分高价值存量建设用地。地租本质是土地所有者基于土地垄断占有对社会财

---

① 孙中山：《孙中山文集》（下册），团结出版社 1997 年版，第 566 页。

富的分享。当前我国城镇房地产市场中的投资性需求旺盛由土地增值收益预期拉动,部分城镇居民将购房当作投资手段。过去十年,一些大中城市的房价翻几番,为广大投资者带来巨大收益。这部分收益本质上是对土地增值收益的分享,即社会财富通过房价上涨变为部分居民的私人收益。为了促进社会公平,近年来我国开始房产税试点工作,第一批纳入试点的城市包括上海和重庆。房产税以房产价值为征税基础,可将城镇存量建设用地的部分地租收入转化为公共所有。当前我国正在加快房地产税立法。

二是城郊农民。城镇扩展造成一部分城镇近郊农村土地变为城镇建设用地。依据《土地管理法》、《中华人民共和国城市房地产管理法》(以下简称《城市房地产管理法》)的相关规定,农村集体所有土地通过征收程序变为国有土地之后才能从事城镇建设。国家动用征收权强制消灭集体土地所有权,再将其转化为国有建设用地在土地一级市场上出让,获得新增建设用地增值收益。征地时农民获得不超过原产值30倍的土地补偿和安置补偿。部分人认为按照原用途实施征地补偿是对农民财产权的剥夺,提出按照出让时市场价格补偿,社会上流行的征地中"保护农民利益"话语中所指的"农民"主要是指近郊农民。

三是进城务工农民。国家统计局公布的《2014年全国农民工监测调查报告》显示,2014年全国农民工总量为27,395万人,其中外出农民工16,821万人,本地农民工10,574万人。由于缺乏在城镇定居的条件,数量庞大的农民工长期维持城乡"两栖"生活状态。限制农民在城市安居的原因之一是农民不能享有城镇住房保障政策。《国家新型城镇化规划(2014-2020年)》将"有序推进农业转移人口市民化"作为基本目标之一,规划到2020年完成1亿左右农业转移人口和其他常住人口在城镇落户。为实现上述目标手段,需要通过廉租住房、公共租赁住房、租赁补贴等多种方式改善农民工居住条件。土地出让收入构成大部分地方政府落实保障性住房政策的财政基础,随着新型城镇化政策落实,农民工将逐步扩大分享城镇化带来的土地自然增值收益。

四是留在农村的农民。未来即使我国城镇化率提高到70%的水平,依然有超过4亿农民留在农村生活。当前国家政策一直强调土地出让的非成本性支出向农村倾斜,如2007年中央一号文件提出“逐步加大政府土地出让收入用于农村的比重”;2008年明确规定“政府土地出让收入用于农村建设的增量要明显高于上年。耕地占用税新增收入主要用于‘三农’,重点加强农田水利、农业综合开发和农村基础设施建设”,2009年中央一号文件再次强调“大幅度提高政府土地出让收益、耕地占用税新增收入用于农业的比例,耕地占用税税率提高后新增收入全部用于农业,土地出让收入重点支持农业土地开发和农村基础设施建设。”2014年全国土地出让收入42,940.30亿元,扣除掉征地拆迁补偿、土地出让前期开发、补助被征地农民等成本性支出共计33,952.37亿元之后,政府获得土地出让收益8987.93亿元。这部分土地出让净收益主要用于城市建设、农业农村、保障性安居工程等方面。城镇化过程中的土地增值收益主要通过土地开垦费用于土地整理、耕地占用税新增收入投入农田水利建设、农业综合开发和农村基础设施建设等途径为留在农村的农民所分享。当前以成都市和重庆市为代表的一些地方政府,以城乡建设用地增减挂钩政策为手段展开的建设用地制度改革工作,也包含扩大农民分享土地增值收益的“城乡统筹”内涵。

三、土地自然增值收益分配

对农村建设用地禁止入市政策的批评,本质上指向的土地增值收益分配方式。社会上流行的观点是,在现行征地制度下,政府与房地产开发商联合摄取土地增值收益,农民的财产权利被剥夺。这种观点存在诸多谬误。

首先,这种看法将房地产商的投资利润与土地增值收益混淆。过去十多年我国房地产市场蓬勃发展带来了房地产领域的较高投资回报率,也造就了一大批房地产商富豪。房地产商投身房地产行业获取正常利润,属于有赚有亏的市场行为,与当前兴起的电商等其他行业投资的性质一样。不可否认,有一部分房地产商从政府获得建设使用权是为了囤地,他们拿地后不开发等待城镇建设用地升值而直接获得土地增值收益。为打击开发商囤地行为,国土资源部出台《闲置土地处置办法》并建立土地利用巡查制度。规范土地增值税征收也具有抑制土地投机行为的作用。通过土地投机获得土地增值收益与城镇建设用地市场管理不规范有关,与城乡建设用地二元制度无关。进一步而言,若实施城乡建设用地同等入市,开发商依然可以从政府或者农民那里获得建设用地使用权之后,将其闲置等待升值。严格建设用地市场管理而非取消征地制度是减少土地投机行为的唯一办法。

其次,这种看法将政府与农民对立起来。征地过程中政府与农民的利益博弈被形象地描述为,"征走农民一头牛,补给农民一只鸡",基于此,征地拆迁中的"钉子户"被赋予对抗政府权力的维权英雄色彩。这类看法有两点不妥。其一,没有对农民进行分类,被征地拆迁农民的利益不等于全部农民利益。从上文分析中可以看出,土地增值收益分配中的农民包括"进城务工农民""城郊农民"与"留在农村农民"三类。鉴于城镇必须沿着平面向外扩展,唯有"城郊农民"才能成为被征地拆迁对象。这就意味着"钉子户"代表的是位于城郊的部分农民利益。土地增值收益总量是有限的,对城郊被征地农民无限补偿,其他利益主体能够分享的土地自然增值收益必然减少。其二,从利益分配方式角度来看,在现行制度下,土地增值收益的主要获益者分别是城镇居民与城郊农民,前者通过城镇房产升值获益,后者获得高于农地地租的征地补偿。相对而言,进城务工农民与留在农村农民所分享的土地自然增值收益较少,原因是不仅进城农民很少有能力在城镇买房置业,而且他们也不能享受城镇保障性住房政策,另外当前土地出让收入向农村倾斜投入的力度也不够。

第三节 城乡建设用地“不同权”的法律基础

以宅基地为主要构成的农村建设用地能否直接参与建设用地市场,以及征地制度是否合法,是城乡建设用地“不同权”争论的焦点。本节先从征地制度合法性角度讨论城乡建设用地“不同权”的法律基础,再从城乡建设用地性质及其制度设置差异方面进一步说明。

一、“同地不同权”的合宪性争议

1982 年《宪法》正式建立按照城乡区分所有权的土地制度,规定城市的土地属于国家所有,农村和城市郊区的土地除由法律规定属于国家所有的以外其余均属于集体所有。将所有权与城乡结合起来的土地制度架构,带来之后土地管理上的难题——城乡关系变化带来土地所有权变动尤其是城镇化扩展占地如何解决。随着社会主义市场经济体制逐步确立和房地产市场兴起,1993 年第十四届中央委员会第三次全体会议通过的《关于建立社会主义市场经济体制若干问题的决定》作出“国家垄断城镇土地一级市场”的重要规定。该决定承认土地使用权可依法转让,同时又堵死农村集体土地使用权进入城镇土地市场之路。顺此思路,1994 年颁布实施的《城市房地产管理法》

规定,"集体所有土地,经过征用转为国家土地后,该幅国有土地的使用权方可出让",1998 年修订后的《土地管理法》规定,除兴办乡镇企业、村民建设住宅、乡(镇)村公共设施和公益事业建设之外,"任何单位和个人进行建设,需要使用土地的,必须依法申请使用国有土地"。

《宪法》第 10 条所规定的"城市的土地属于国家所有",在实践中被解释为所有城镇建设必须使用国有土地。《宪法》规定农村和城市郊区的土地主要属于集体所有,而城镇扩展又要占用城市郊区土地,造成城镇建设必须通过征地方式完成。农村建设用地禁止入市与征地制度一体两面。当前关于农村集体土地使用权不能入市的违宪性争论,实际指向是的征地制度合法性问题,即城镇建设是否构成国家动用征收权的合法理由。反对者认为城镇化要靠市场手段推动,否定靠征地推动城镇化的发展方式,理由是"靠政治强制力得到市场,这在宪法上是不可以的,它歪曲了社会、国家、公民市场之间的关系"。[①]支持者则认为现行征地制度是维持中国又快又好发展的关键,国家"垄断土地一级市场"对于促进城镇建设和促进社会公平具有积极作用,并在此基础上形成独具特色的"城镇化的中国道路"。[②]

二、征地制度的合法性辨析

国家征收权属于主体财产权受保护的宪法保留条款。尽管集体土地所有权作为一种公共财产权利受到宪法、物权法保护,但国家依然可以在一定条件下对集体土地进行征收,因为在任何国家都"没有什么绝对的(财产)神圣不可侵犯,任何国家都有这个例外规则,就是

---

① 周其仁:《"土地财政"涉嫌违宪》,载 http://business. sohu. com/20121128/n358927986. shtml,最后访问日期:2016 年 5 月 22 日。

② 贺雪峰:《城市化的中国道路》,东方出版社 2014 年版,第 13 ~ 15 页。

征收和征用”。[①] 在承认国家有必要在一定条件下可以动用征收权的前提下，关于征地制度的争论则聚焦于国家运用强制手段消灭集体土地所有权的条件为何。

征地制度遭受的第一个质疑是，城镇建设是否满足“公共利益目标”要求。当前政策讨论中流行的一种观点是，城镇建设中大量经营性开发不属于公共利益性质，因此，政府征地需保持在公益性建设范围之内，涉及集体所有土地的经营性开发可由农民与开发商直接对接，通过市场方式完成。[②] 基于上述观点，当前大量学术讨论集中于“公共利益”如何界定的问题上。“公共利益”具有“不确定性”“发展性和开放性”“宽泛性”以及“抽象性和模糊性”，实质界定“公共利益”一直存在立法技术难题。[③] 一些学者主张对“公共利益”进行列举界定，如梁慧星以利益归全体社会成员直接享有还是间接享有的标准界定“社会公共利益”，他认为“机场、公共道路交通、公共卫生、公共图书馆、灾害防治、国防、科学及文化教育事业，以及环境保护、文物古迹及风景名胜区的保护、公共水源及引水排水用地区域的保护、森林保护事业，均属于社会公共利益”，而“‘经济开发区’‘科技园区’‘旧城改造’‘商品房开发’带给民众的是间接的利益，因此被排除在社会公共利益之外”。[④] 另一种观点则认为无论是采用正面列举办法还是否定性排除方法进行界定，都不能解决“公共利益”的立法难题，王利明以美国“凯洛诉新伦敦市案”为例说明“商业利益并非绝对与公共利益不发生联系”，并认为城镇化过程中的商业开发“不能简单

① 梁慧星：《宪法修正案对非公有制经济和私有财产的规定》，载《私法》第4辑第2卷。
② 梁慧星：《宪法修正案对非公有制经济和私有财产的规定》，载《私法》第4辑第2卷。
③ 王利明：《论征收制度中的公共利益》，载《政法论坛》2009年第2期。
④ 梁慧星：《宪法修正案对非公有制经济和私有财产的规定》，载《私法》第4辑第2卷。

地纳入公共利益的范畴,也不能武断地予以排除”。[①] 在“凯洛诉新伦敦市案”中,美国联邦最高法院判定市政府以经济发展计划为由征收私人住宅并将其转让给私人开发的行为合法,理由是市政当局的规划方案可以增加当地就业机会和税收,符合公共目的。[②] 指责政府征地后出让用于经营性开发违背“公共利益”原则,是将经营性开发与公共利益绝然对立,忽视土地经营性开发在推进城镇建设、改善居住环境、改良基础设施、促进就业和提升经济发展水平等方面所包含的公共利益成分。近年中央政府提出了区分公益性征地与非公益性征地的改革目标,却由于缺乏可操作性而迟迟没有出台具体政策。

从1978年至2013年,我国城镇常住人口由1.7亿人增加到7.3亿人,城镇化率从17.9%提升为53.7%,2000年以后我国城镇化进入加速发展阶段,城镇建成区面积急剧扩大。如此快速的城镇化发展离不开征地制度。在进行城镇建设时,政府不是从特定地块实际使用方式角度衡量征收与否,而是将城镇建设本身作为动用征地权的充分条件。这种征地制度与我国在后发赶超阶段确立的政府主导的城镇建设模式相匹配。与世界发达国家相比,我国当前城镇化水平依然相对较低。建立在现行土地制度基础上的政府主导型城镇建设模式有两大优势。一是通过国家垄断土地一级市场为城镇建设提供“土地财政”,“国有土地使用制度改革是实现城市基础设施建设良性循环,促进经济发展途径。我国城市基础设施建设最大的困难是资金短缺……实行国有土地有偿,有期限使用制度,把本应归国家的土地收益收归人民政府,以地养地,以地生财,就从根本上解决了城市基础设施

① 王利明:《论征收制度中的公共利益》,载《政法论坛》2009年第2期。

② [美]约翰·G.斯普兰克林:《美国财产法精解》,钟书峰译,北京大学出版社2009年版,第642页。

建设的难题”。[1]

对于“土地财政”与城市建设的关系，现担任厦门规划局局长并亲身参与厦门城市建设的赵燕菁给出了学理上的解释。赵燕菁认为城市与农村的本质差别是拥有农村所没有的公共基础设施，基础建设的巨大投资来源是制约城市发展的“第一推力”。西方先发国家通过对外掠夺完成原始资本积累进而实现工业化和城市化，改革开放以后我国“开创了一条以土地为信用基础，积累城市化原始资本的独特道路”，赵燕菁指出：“中国城市成就背后的真正秘密是创造性地发展出一套将土地作为信用基础的‘土地财政’制度”。[2] “土地财政”的第一重功能是政府将城镇建设带来的土地自然增值收益收归国有，相当于政府公共建设投资的成本收回。除此之外，“土地财政”还为城市建设提供“初始信用”，通过土地融资撬动城镇建设所需的巨大资本。财政部公布数据显示，截至2013年年底我国84个重点城市抵押土地面积40.39万公顷，获得抵押贷款7.76万亿元。“土地财政”带来城镇建设巨大成果的同时，也存在地方政府城市盲目扩大与土地融资风险一类负面后果。面对“土地财政”消极的一面，当前应当做的是科学探寻“土地财政”替代性方案和进行渐进性政策改革，而非一味批评征地制度，简单否定“土地财政”制度会造成中国发展的巨大战略风险。[3] 积极评价“土地财政”制度的学者认为，“土地财政”是改善城镇基础设施的基础，良好的城镇基础设施是我国加工制造业保持国际比较优势的重要原因，改革开放以来中国取得的巨大发展成就与该

① 房维廉主编：《中华人民共和国城市房地产管理法释义》（第2版），人民法院出版社1995年第2版，第18页。

② 赵燕菁：《重新研判“土地财政”》，载《第一财经日报》2013年5月13日。

③ 赵燕菁：《重新研判“土地财政”》，载《第一财经日报》2013年5月13日。

制度有莫大关系。①

现行征地制度的第二个优势是它与我国城镇发展现阶段相适应。一种观点认为,除公益性建设可进行征地之外,其他城镇建设可由所有权人按照市场方式供地完成。国土资源部前副部长李元批评这种观点与我国城镇发展战略不适应。李元认为我国正处于城镇化、工业化快速发展阶段中,土地开发必然以成片开发、综合利用为主,这与基本完成城镇化、工业化的发达国家土地开发以单一项目和单宗土地开发方式完全不同,因此,当前阶段不宜按照公益性与经营性区分来界定土地征用范围。② 盲目缩小征地范围会降低城镇建设效率,这方面的典型案例是日本成田机场征地受困"钉子户"问题几十年,造成机场不能按规划修建,带来巨大公众利益损失。③ 我国不区分土地实际开发目的,农村集体所有土地一律通过征地转为国有土地统一供给,极大地提高了城镇建设效率。政府主导的城镇建设依赖公权力发挥作用,为防止民众的合法权利被侵害,国家必须从保护民众权利的角度完善征地制度。近年来征地补偿标准的不断提高和征地程序的不断完善,体现了国家这方面的努力。

城镇建设本身构成政府动用土地征收权的"公共利益"要件是我国征地制度的最大特色。《宪法》第 10 条及相关规定在实践中可理解为,国家为了城镇建设需要,可以依照法律规定对集体所有的土地实行征收并给予补偿。城镇建设本身具有公共利益性质与我国基本

① 贺雪峰:《地权的逻辑 II——地权变革的真相与谬误》,东方出版社 2013 年版,前言,第 11 ~ 12 页。

② 李元:《中国城镇化进程中的征地制度改革》,载《中国土地》2005 年第 12 期。

③ 有公开报道指出,日本政府 1966 年预算成田机场建设费用为 1350 亿日元,由于征地中"钉子户"问题迟迟无法解决,后来实际花费为预算的十倍以上,另外由于机场跑道不能建成,严重影响成田机场运行效率。参见观察者网:《日本强拆成田机场 40 余年"钉子户"》,载 http://www. guancha. cn/Neighbors/2012_11_28_111749. shtml,最后访问日期:2015 年 5 月 22 日。

经济制度有关。城乡二元结构具有地域、经济和所有制三重内涵。首先，城乡意味地域差别；其次，在经济层面，城市相对农村代表更高生产力与更高经济效率；最后，城市可看作与农村集体经济组织相对的国有经济组织。城乡土地二元结构反映城市与农村在所有制上的差别，城市不仅代表着现代文明和更高生产力发展水平，而且代表着社会主义更高发展阶段。城镇建设的公共利益性质表现为，城镇化促进经济社会整体水平提升，带来民众生活质量改善，促进向社会主义公有制经济向更高阶段发展。①

三、征地补偿标准辨析

对于征地制度的另外一类批评主要集中于补偿标准上。当前我国征地补偿标准确定为不超过土地原产值30倍，部分学者质疑土地出让与征地补偿的差价为政府获得，认为按照市场价值补偿农民才符合土地征收的“公正补偿”要件，原因是，“征收归根到底，是商品交换关系，征收制度是民法制度……应当大体符合等价交换的原则”。②按照民法原则理解征收中的所有权变动及其补偿方式，是忽视我国土地公有制大前提，进而误解土地制度性质的表现。

在土地私有制社会中，政府征收私人土地属于消灭私人财产所有权，需要对被征收对象作出公平补偿，补偿标准按照市场价值评估。征收相当于强制性购买，与财产主体在市场上转让财产物获益大致相当，这种情况下的征收可理解为政府与财产主体间的商品交换关系。

---

① 《国家新型城镇化规划（2014－2020年）》提出，积极实施城镇化战略，“对全面建成小康社会、加快社会主义现代化建设进程、实现中华民族伟大复兴的中国梦，具有重大现实意义和深远历史意义”。我国当前确定城镇化的主要内涵包括“人城镇化”，具体是指通过有序推进农业转移人口市民化，让更多农民分享城镇医疗、教育、住房、创业就业等公共社会服务。《新型城镇化规划》体现我国城镇建设的公共利益性质。

② 梁慧星：《宪法修正案对非公有制经济和私有财产的规定》，载《私法》第4辑第2卷。

在我国社会主义公有制度下，土地属于基本生产资料而非一般财产物。实施土地公有制即取消私人基于土地垄断占有而参与社会财富分配，消灭土地食利者和建立在土地不公平占有基础上的剥削制度，体现各尽所能、按劳分配的社会主义原则。公有制下的土地所有权与一般财产所有权不同，一般财产所有权主体拥有处置出售财产物的权利，而集体所有与国有土地都不得买卖。集体土地所有权不具备一般财产权的"可交易性"，它的主要功能是确定一定范围内集体群众对其排他性占有和使用的权利。农村土地集体所有制是一部分劳动者共享公有生产资料。土地征收本质上是剥夺集体所有生产资料，将部分劳动群众所有变为全民所有，征地属于公有制两种形式变动的政治行为，我国的征地制度不能按照民事制度理解。

公有制下土地征收行为的特殊属性决定了我国征地补偿标准不能按照市场价值进行，对此有学者指出，"在社会主义社会，土地绝不允许私人垄断，因此，不能够用民法的原则来解决"。[①] 我国征地补偿由"土地补偿费""安置补偿费"与"地上附着物和青苗补偿费"三部分构成，其中"地上附着物和青苗补偿费"属于对被征地者私有财产的补偿，而前两项是从土地作为农民的生产资料角度作出的，其目的是使"农民保持原有生活水平"。为解决征地农民的生活问题，我国不断提高土地补偿标准。《土地管理法》规定土地补偿费和安置补偿费上限为征收土地前三年平均产值 30 倍。我们在调查中发现，在征地越来越难的情况下，绝大部分地方政府都是按照 30 倍的上限标准进行补偿。按照一般土地年产值每亩 1000 元计算，30 倍即 3 万元。当前全国农地流转租金为 500～1000 元，按照 6% 年利率计算，土地

① 《佟柔文集》编辑委员会编：《佟柔文集——纪念佟柔教授诞辰 75 周年》，中国政法大学出版社 1996 年版，第 136～137 页。

价格最高不超过 2 万元。这就是说,当前的征地补偿标准甚至超过农村土地预期市场价格。现实中农民反对征地有两方面原因:一是农民反对征地是一种策略性的利益博弈行为,目的是获得更高补偿;二是土地所提供的劳动就业机会与现金补偿意义不同,土地可以让农民持续获得农业收入。

部分学者反对按照原土地用途计算补偿标准,他们将土地市场价值理解为集体所有土地从农地变为国有建设用地后的市场价值,主张按照土地出让价格补偿农民。这种观点忽视了征地后的土地用途变更过程。前文分析指出,城镇建设用地市场价值高昂是整体经济社会发展的产物,与私人投资无关,“把土地增值收益全部归于被征地农民,那只能带来更大的不公平与混乱”。[①] 城镇建设用地价值高于农地,本质是政府对城镇公共建设投资投射到土地上的结果。国家垄断土地一级市场获取土地自然增值具有天然合理性,政府获取土地增值收益后将其转化为公共财政支出,满足公共利益目标。从被征地农民角度看,尽管现有征地补偿标准甚至超过预期土地市场价值,但他们通常无法将补偿款用于投资,面临坐吃山空和征地致贫的处境。现有征地补偿标准基本公正,问题的关键在优化补偿方式上。

四、城乡建设用地法律属性差别

征地制度具有合法性,还源于农村建设用地与城市建设用地具有性质上的差别。“同地同权”的说法本身就存在问题。为保护土地资源,我国建立土地用途分类管理制度,将土地分为农用地、建设用地和未利用地三类。农村建设用地与城市建设用地同属于“建设用地”范畴。同属于“建设用地”范畴的土地,不必然具有法律上的同等属

---

① 李元:《中国城镇化进程中的征地制度改革》,载《中国土地》2005 年第 12 期。

性,如公益公共性建设用地与经营性建设用地性质不同。以物权平等保护原则论证城乡建设用地“同权”,是将土地管理中的用途范畴与法律范畴混淆。建设用地入市是建设用地使用权入市,按照物权法规定,只有在国家所有的土地上才能够设置“建设用地使用权”,而作为农村建设用地主要一类的宅基地上只能设置“宅基地使用权”。赋予不同建设用地不同权利不存在法理障碍。

进一步从土地用途上细分,农村建设用地与城市建设用地都包含公益公共性建设用地、工业用地、住宅性质用地等。“同地不同权”争论围绕城乡建设用地市场价值方面的差别化制度设置,主要针对对象是农村宅基地与城镇商服住宅建设用地。农村宅基地与城镇商服住宅建设用地的功能原本不同,城镇商服建设用地属于经营性质的,农村建设用地主要满足农民的生产生活需求。原国家土地管理局政策法规司在《关于对农村居民“建住宅”含义理解问题的答复》中指出,“《中华人民共和国土地管理》第 45 条(笔者注:现第 43 条改为‘建设住宅’)应当理解为农村居民所建住宅及与住房的居住生活相关的其他建筑物和设施”。由此可见,分配给农民宅基地主要是满足他们的自居自用需求,一般不能用于经营性开发。农村宅基地是农民无偿从集体分配获得,以满足自居自用的基本生活需求,当前针对农民进城之后闲置宅基地处置问题,中央提出要探索农村宅基地有偿退出制度。无偿分配、自居自用与有偿退出三位一体制度,与城镇商服建设用地市场转让方式完全不同。在住宅用地方面,经历住房改革之后,城镇居民主要从市场购买商品房满足居住需求,城镇低收入群体则通过保障房、廉租房等福利形式获得住房保障。农村宅基地按需供给、一户一宅制度同样具有社会保障性质。农村宅基地与城镇商住建设用地完全按照不同的制度原则设置,从法律与土地管理制度层面来看,二者本质上属于不同功能和性质的土地。严格来说,“同地同权”

应当是指同一用途和同样法律属性的不同地块土地具有同等的使用、市场转让和抵押等方面的权利，将功能不同、法律性质不同的农村宅基地与城市建设用地放在一起比较，所得出的“同地不同权”结论并不科学。

第四节　农村集体建设用地入市方式及其困境

当前部分学者质疑征地制度的目的是推动农村建设用地与国有建设用地同等入市。2015 年国土资源部确定的土地制度三项改革试点中，包括农村集体经营性建设用地在符合规划条件下直接入市的内容。除集体经营性建设用地之外，农村建设用地还包括宅基地与乡（镇）村公共设施和公益事业建设用地。通常所说的“同地同权”是指全部农村建设用地与城镇建设用地同权。围绕农村建设用地入市问题，城乡建设用地“增减挂钩”政策与“小产权房”处理办法，成为理论界与政策界关注的焦点，二者皆触及城镇化过程中的土地自然增值收益分配。如何理解“增减挂钩”政策以及处置“小产权房”，最终取决于城乡二元土地制度是否坚持，成都市与深圳市在这两方面各具代表性，下文将结合两市情况进行具体分析。

一、“增减挂钩”与农村建设用地政策性入市

为缓解城镇化过程中的耕地保护压力，近年来国家政策倾向于将城镇建设用地增加与农村建设用地减少“挂钩”。2004 年国务院第 28 号文首次提出“鼓励农村建设用地整理，城镇建设用地增加要与农村建设用地减少相挂钩”，2008 年国土资源部下发第 138 号文件，对“增减挂钩”政策作详细规定，城乡建设用地增减挂钩具体实施办法

为,依据土地利用总体规划,将若干拟整理复垦为耕地的农村建设用地地块和拟用于城镇建设的地块等面积共同组成建新拆旧项目区,通过建新拆旧和土地整理复垦实现项目区内建设用地总量不增加、耕地面积不减少。城乡建设用地增减挂钩政策包括优化土地利用与促进城乡统筹发展的双重目标。但是在实际操作中,一些地方政府落实"增减挂钩"政策是为获得建设用地指标和扩大城镇建设用地规模,出现了"重城镇、轻农村"和侵犯农民利益的情况。因此,2010 年国务院专门下发《关于严格规范城乡建设用地增减挂钩试点切实做好农村土地整治工作的通知》,规定实施"增减挂钩"所产生的土地增值收益,确保"及时全部返还农村,用于支持农业农村发展和改善农民生产生活条件"。

"增减挂钩"政策在主张集体建设用地入市的学者那里获得了高度赞扬,他们认为"挂钩项目发现了农村集体建设用地的更高市价",证明"土地资源经转让而提升收入流"的经济逻辑。① 当前很多地方政府尝试以增减挂钩政策工具推动城乡统筹建设,如湖北省 2013 年确定的全省 21 个"四化同步"试点镇建设、重庆市和成都市的统筹城乡综合配套改革试验工作。其中,成都市早在 2003 年制定城乡统筹发展战略之初便开始城乡建设用地挂钩置换工作,2007 年成都市被国家发改委批准为改革试验区之后,加大城乡建设用地"增减挂钩"政策实施力度。面对城乡统筹目标,成都市确定"推进土地管理制度创新,积极推动农村集体土地资本化,进一步探索集体建设用地使用权流转办法和健全农村房屋所有权登记流转制度"的改革方案。确权流转农村建设用地是成都市农村统筹建设资金的主要来源。在具

① 北京大学国家发展研究院综合课题组:《还权赋能——成都土地制度改革探索的调查研究》,载《国际经济评论》2010 年第 2 期。

体实践中，受区位因素影响，一般农村地区运用“增减挂钩”政策以“指标”形式实现农村建设用地政策性入市。

在批准立项范围内，经过村庄整治，减少农村建设用地并将其复垦为耕地，节余出来的建设用地指标可在城镇落地。按照四川省政府出台的《关于进一步加强农村土地管理工作的意见》，实施“增减挂钩”节约出的建设用地指标调剂给城镇使用所得的土地增值收益必须及时全部返还农村。当前成都市确定“增减挂钩”节余的建设用地指标价格是每亩30万元，这部分钱主要通过村庄综合整治形式反哺到农村由农民分享。这每亩30万元的指标补偿是农民退出农村建设用地后，指标在城市落地产生出土地出让收入向农村转移的结果。“增减挂钩”政策突破土地级差地租规律，让偏远地区农民有机会直接分享城镇化带来的土地自然增值收益，具有一定的政策创新意义。

农村建设用地通过指标形式入市，本身是由土地用途管制与建设用地年度计划指标政策造成的，如果取消上述两项政策，允许农村建设用地直接入市，则必然使具有区位优势的城镇近郊农村建设用地入市，而偏远地区农民没有机会分享建设用地入市的好处。地方政府获得建设用地指标后才能征收农村集体土地用于城镇建设，国土资源部每年下达的建设用地指标总量为50万~60万公顷，[①]不能满足地方建设需求。增减挂钩政策提供了地方政府扩大建设规模的机会。2014年全国安排增减挂钩“周转指标”总量为90万亩，成都市每年获得增减挂钩“周转指标”为8000亩。据统计，成都市农村建设用地为139万亩，其中90%为农村居民点用地（含宅基地），[②]如果将成都市

---

① 国土资源部公布的历年《中国国土资源公报》显示，2012年全国批准建设用地61.52万公顷、2013年全国批准建设用地53.43万公顷。

② 黄晓兰：《对城镇化进程中完善宅基地退出机制的思考》，载 http://www.cdlr.gov.cn/detail.aspx? id=50435，最后访问日期：2016年5月22日。

农村全部纳入增减挂钩项目,每年 8000 亩周转指标仅可惠及全部农民 1% 多一点。这就是说基于增减挂钩政策实现的农村建设用地指标形式入市,仅能让一小部分获得增减挂钩立项政策的农民受益。

2011 年 4 月之后,成都市开始实施城镇建设用地“持证准用”制度,即开发商必须出具相应面积的建设用地指标或者缴纳相应面积的建设用地指标价款,才能够开发竞拍所得的新增城镇建设用地(不含工业用地)。与普通国有经营性建设用地出让相比,成都市开发商需额外负担建设用地指标成本。在供求不变的情况下,成都市国有经营性建设用地出让会形成一个均衡市场价格,实施“持证准用”制度之后,这个均衡价格会被拉低,拉低部分等于“持证”成本即建设用地指标价格。建设用地“指标价格”+“持证准用”后的土地出让价格 = 国有经营性建设用地市场均衡价格。从用地主体角度来看,“持证准用”制度相当于让开发商将用地成本分两次支付。从政府角度来看,“持证准用”之后的土地招拍挂价格低于之前均衡价,相当于土地出让收入减少。从农民角度来看,通过增减挂钩政策转移到农村的建设用地指标补偿,是政府“土地财政”的让渡。在这个三方关系中,资本在市场中是自由的,开发商为了保证投资回报,不可能额外负担用地成本,“羊毛出在羊身上”,农民获得的正是政府土地出让收入所减少的那部分。成都市实施增减挂钩政策的意义在于,将一部分政府出让土地收入定向地投向增减挂钩立项农村,属于土地增值收益向农村倾斜分配的一种形式。

运用增减挂钩政策进行城乡统筹建设的困境在于,只能让少数获得立项的农村的农民分享土地增值收益。造成这一困境的表面原因是国土资源部每年下达的“周转指标”有限和立项规模的控制,更根本的原因在于城镇发展能否消化足够多的指标。成都市城镇建设每年带来约有 2 万亩的新增经营性建设用地需求,增加挂钩立项规模保持在这个范围之内,所产生的建设用地指标才能够落地。若成都市为了扩大城乡统筹范围,将增减挂钩立项规模扩大十倍,每年获得"周转指标"达到10万亩,则相应地需在土地一级市场上投放10万亩新增经营性建设用地,这将打破现有土地市场供求关系,造成土地出让价格急剧下跌。成都市将因此丧失进行城乡统筹的财政基础,农民分享土地增值收益更无从谈起。由此可以看出,增减挂钩政策下的农村建设用地政策性入市尽管符合城乡统筹理念,却必然只能让极少部分农民从中获益。

二"小产权房"与农村建设用地自主入市

"小产权房"是指在集体所有土地上建设的向集体之外出售的房屋,一种是建设在农用地或者未利用地上,另一种是建设在集体建设用地上。关于"小产权房"的合法性,前一类明显违反土地用途管制而较少存在争议,后一类是否合法存在较多争议。一部分学者认为"小产权房"本身是一个"歧视性"概念,反对笼统地判定"小产权房违法";[①]另外一部分学者认为农村建设用地不具备开发商品房权能,因"小产权房"违反土地利用规划而不合法。[②] 2007年国务院下文规定,"城镇居民不得到农村购买宅基地、农村住宅或者'小产权房'",2009年国土资源部确权文件规定,"小产权房"不得确权,说明国家不承认"小产权房"合法。除了违反土地用途管制和土地利用规划之外,"小产权房"的开发突破了国家垄断建设用地一级市场政策,这种农村建设用地直接入市行为会改变土地增值收益分配方式。

---

① 周其仁:《为什么城市化离不开农地农房入市》,载《经济观察报》2014年9月6日。

② 华生:《土地制度改革的分歧》(上),载 http://www.guancha.cn/HuaSheng/2014_04_20_223559.shtml,最后访问日期:2016年5月22日。

"小产权房"的价格通常大大低于同等区位的商品房价格,其原因是开发主体直接从集体经济组织或者农民那里取得土地使用权,省去国有建设用地出让中的相关税费。农民直接转让土地使用权的收益高于征地补偿,购房者也可以以较低房价获得住房,二者所获收益是以政府减少土地出让收入为代价的。农村建设用地直接入市不仅导致政府无法通过土地征收摄取土地增值收益,而且会由于"小产权房"增加市场中房屋供给总量而拉低普通商品房价格。后一方面反应为政府出让土地时的平均价格下降。两方面结合起来看,"小产权房"开发的本质是将部分土地增值收益由政府转移到农民或者集体经济组织那里。城镇建设用地出让价格是对城镇公共建设投资的回收,"小产权房"购买者以较低价格购房,相当于无成本(或低成本)享有住房附加的城镇公共服务。

深圳市是改革开放之后发展起来的一座新城市,受一些早期政策影响,深圳市成为当前全国"小产权房"建设最多的城市之一。据统计,深圳市共计 10 亿平方米的建筑中有 4 亿平方米属于违法建筑,全市 917.17 平方公里建设用地中的 42% 依然为集体所有,这其中仅有四分之一是经过合法审批的。[①] 深圳市发展带来的相当部分土地增值收益为占深圳市总人口不足 3% 的本地原居民所独享。[②] "小产权房"所占比例高,则意味着国家垄断的建设用地一级市场被压缩,政府获得的土地出让收入减少。深圳市公布数字显示,2014 年深圳市户籍人口在全市人口中所占比重约为 30%,而同期北京、上海与广州三市户籍人口占

① 全国工商联旗下 PEICO 工作室发布的《我国小产权房问题研究:问题与出路》报告显示,1995~2000 年全国建成小产权房占同期城镇住宅建成总量的 8%。深圳市的"小产权房"所占比重高于全国水平,深圳市占总面积 47.57% 的建筑为违法建筑,这些违法建筑中住宅性质的即"小产权房"占 38.7%。参见北京大学国家发展研究院综合课题组:《深圳土改报告》,载《南方周末》2014 年 8 月 1 日。

② 周其仁:《深圳土改可让农民做业主发展城市》,载《新世纪》2012 年第 21 期。

总人口比重都达50%以上。与其他一线城市相比,深圳市在解决外来人口入市方面较为落后。出现上述情况的重要原因之一是,“小产权房”开发建设减少了深圳市的土地出让收入,造成深圳市无力负担外来人口市民化的公共支出成本。2013年,深圳市开始实施“小产权房”合法化的土地制度改革运动,按照深圳市的处理原则,意味着将大量土地增值收益让渡给深圳市30万原居民,造就一大批富豪。从土地增值收益角度来看,“小产权房”的合法化为城中村、城郊村农民带来了巨大收益,而这是以政府公共财产收入损失为代价的,后者是进行城乡统筹、推进城镇基础设施建设、落实保障性住房政策和进行农村建设投入的基础。“小产权房”开发违背土地增值收益公平分配原则,与促进“人的城镇化”的政策目标冲突。

三、农村集体建设用地入市困境

城乡建设用地增减挂钩政策实现农村建设用地以指标形式虚拟入市,“小产权房”属于集体建设用地直接进入房地产市场,它们分别构成农村集体建设用地入市的两种代表形式,这两种农村建设用地入市方式本身相互矛盾。按照“杜能—阿隆索”地租区位理论,位于城市边际线上的建设用地地租与农地地租相等。实施增减挂钩政策之后,偏远农村建设用地超越级差地租规律,获得超过农地市场价值的指标价格,是由政策手段造成的。如果取消建设用地年度计划指标控制政策,城镇建设用地由市场自由供给,则不会产生建设用地指标价格与偏远农村建设用地政策性入市的机会。“小产权房”开发便是绕过建设用地指标控制,由农村集体经济组织作为主体向市场直接供给土地。如果打破国家垄断建设用地一级市场,放开集体土地自主入市,则政府土地出让收入取消,政府通过城乡建设用地增减挂钩手段将部分土地增值收益让渡给偏远地区农民的政策基础丧失。农村建设用地政策性入市与自主入市两种方式在逻辑上不能共存,反映出二者包含不同的土地增值收益分配原则。

增减挂钩政策维护政府垄断一级市场政策,农村建设用地土地本身没有真正入市,这种形式的建设用地入市维持城乡建设用地二元制度,在现有制度框架下局部调整土地增值收益分配方式。“小产权房”开发突破国家对土地一级市场垄断,打破城乡建设用地二元制度,实现“同地同权”。农村建设用地直接入市,致使农民以个体或者集体形式摄取城镇化带来的土地增值收益,将土地增值收益由政府公共收入变为私人收益,不符合公有土地制度下的“地利共享”原则。

以“小产权房”开发在土地增值收益分配上造成的不公平性,与土地不可移动的特征有关。城镇建设通常以平面方式拓展,新增建设用地一般在原有城镇现有建成区周围扩大。这就意味着,面对农村建设用地直接入市的同一政策,不同农村建设用地的实际入市机会不同。在放开政策情况下,只有城中村与城郊村的建设用地有可能入市,偏远地区农村建设用地因为远离城镇而无开发价值。这是建设用地级差地租规律的经验反映。在国家垄断土地一级市场的现行政策下,土地增值转化为财政收入,在此基础上才有可能为进城农民提供均等公共服务和加大农村建设财政资金投入。放开农村建设用地直接入市,由城郊(城中村)农民独占土地增值收益,会形成“一般农村—城郊农村—城市”的三元社会结构,与土地制度改革的城乡统筹目标冲突。

并且,农村建设用地直接入市在操作层面也不可行。一方面,农村建设用地一般经过政府审批由农用地或未利用地转化形成,农用地与未利用地直接为耕地资源或者属于后备耕地资源。农村建设用地扩大意味着耕地资源以及耕地后备资源减少。在实施增减挂钩政策或者农村建设用地直接入市的情况下,之前农村建设用地面积越大的村庄所能够分享到的土地增值收益越多,这对于努力保护耕地资源和集约节约利用土地进行建设的村庄不公平,也不利于以后耕地保护政策的落实。另一方面,农村建设用地直接入市与城镇建设规划存在矛盾。城镇经营性建设用地分为商业用地、住宅用地与工业用地三类,三种土地出让价格不同。在农村建设用地直接入市的同一政策下,不同村庄的土地因为规矩不同产生的价值也不同,被规划为商住区域的土地价值高,被规划为工业区域的土地价值低。农村建设用地直接入市在实践中就存在所有农民都会要求按照最高地价出让,引发社会不公甚至矛盾与冲突。

增减挂钩政策具备改善土地增值收益分配的意义,却存在受益范围小的困境,农村建设用地直接入市同样只有少部分农民获益,二者都无法从根本上消除城乡差距。以上所反映的本质问题是,单纯调整土地制度并不能产生社会财富,打破城乡建设用地二元制度不过是改变土地增值收益分配方式。我国现行制度总体上合理,国家通过垄断土地一级市场基本实现土地增值收益全部归公,当前需要完善的主要集中在分配环节。具体操作上包括三个方面:一是加快房产税政策出台,将城镇建设带来的存量土地增值收益归公,让拥有房产的城镇居民负担部分城镇建设成本;二是切实推行以人为中心的新型城镇化政策和城乡统筹战略,让更多进城务工农民与留在农村农民分享城镇化好处;三是完善征地补偿政策,实施货币化补偿、留地安置等多种补偿手段,加大社会保障投入和农民再就业技能培训,让失地农民重新获得就业机会与长远生计保障。

第五节　土地制度的社会主义宪法秩序

运用民法物权话语讨论土地制度是当前学术界和政策界流行的做

法,尤其是2007年《物权法》实施以后,部分学者开始讨论集体土地所有权与国有土地所有权平等保护问题。《物权法》第3条第3款规定,“国家实行社会主义市场经济,保障一切市场主体的平等法律地位和发展权利”;《物权法》第4条又规定,“物权受到法律保护”。基于此,一些学者认为集体土地所有权与国家土地所有权应当平等受到物权保护,[①]且具有与国有土地同等入市的权利。这种观点扩大了对我国土地制度的物权解释。我国出台《物权法》是为了保护国家、集体和个人在市场经济活动中的平等财产权利,却没有取消国家、集体与个人等不同主体在所有制方面的差别。在土地制度方面,尽管集体土地所有权与国家土地所有权作为两种物权是平等的,但是土地集体所有与土地国家所有作为公有制的两种实现形式并不平等。土地集体所有属于生产资料部分劳动群众所有,土地国家所有属于生产资料全民所有,二者存在“小公”与“大公”的差别。因为忽视土地作为基本生产资料具有的所有制内涵,《宪法》第10条区分的“国家所有”与“集体所有”被单纯解释为民法所有权。实际上,我国土地制度的起点是《宪法》第6条中的“生产资料的社会主义公有制”规定,《宪法》第10条是对《宪法》第6条的落实。单纯的民法物权话语不能解释我国土地制度,我国土地制度也不能按照单一物权原则改革。

从物权平等保护角度质疑我国城乡建设用地二元制度“违宪”,实质上是从土地私有制角度看问题。在土地私有制下,土地可以成为私人财产对象,也允许土地在市场上自由交易,土地在不同主体间转移要按照商品公平交换原则处理。很多土地私有制国家也存在大量公有土地,如美国有约30%的土地为联邦政府所有,联邦政府和私人土地所有

① 韩松:《集体建设用地市场配置的法律问题研究》,载《中国法学》2008年第3期。

者一样作为特殊民事主体进行土地占有、使用、经营和管理。[①] 土地私有制下政府进行土地征收属于强制形式的商品交换,获得土地所有权的政府与丧失土地所有权的私人之间存在平等民事关系。在实践中,国务院委托地方政府行使国有土地所有权,如县市政府具有土地出让权利。在行使土地所有权方面,我国地方政府与美国联邦政府不同,前者以政治身份而非民事身份出现。我国政府进行土地征收是土地集体所有向全民所有的转换,农民集体经济组织丧失基本生产资料后,国家要为农民提供替代劳动就业途径,我国征地补偿是按照土地的生产资料属性而非土地属性进行的。或者说,土地在我国本身是禁止交易的,在不存在土地市场的情况下,集体土地转化为国有土地不可能按照商品交换原则处理。

公有制下土地禁止交易,并不意味土地作为生产要素不能在一定条件下参与市场配置。土地使用权流转是运用市场手段优化土地要素的一种方式,这表现在建设用地上是城镇建设用地市场中的土地使用权出让、转让和抵押。国家垄断土地一级市场的目的是将城镇化带来的全部土地增值收益收归公有。尽管农村集体经济组织占有土地也是社会主义公有制实现形式,但是集体土地属于部分劳动群众所有,而城镇化是整体经济社会发展的产物,全社会带来的城镇建设用地增值收益不能由部分劳动群众独占,因此,禁止集体土地进入城镇建设用地市场。国家垄断土地一级市场不仅是利用经济杠杆促进城镇建设用地资源的优化配置,而且是实现城镇化过程中土地增值收益归公的目的,城乡建设用地二元制度具有合法性。

从生产资料角度安排土地制度,将生产资料公有制当作建构我国土地制度的起点,反映了我国土地制度的社会主义宪法秩序。新中国

---

① 张千帆:《城市土地"国家所有"的困惑与消解》,载《中国法学》2012 年第 3 期。

成立以后,经过新民主主义革命,我国消灭了封建地主土地所有制,实现了"耕者有其田"的土地私有制,之后经过社会主义革命,我国又逐步消灭土地私有制,实现了土地生产资料的社会主义公有制。1982年《宪法》的相关规定是对我国土地社会主义革命成果的集中总结,其中,《宪法》第6条规定的"生产资料社会主义公有制"这一土地最高宪法原则,在《宪法》第10条中以城乡土地分别为"国家所有"与"集体所有"这种带有民法色彩的概念表达。"国家所有"与"集体所有"既包含所有制内涵,也可落实为民法所有权。在此之后的具体土地管理制度都是上述宪法原则的具体化。从新民主主义革命到社会主义革命,贯穿我国土地制度的一致原则是消灭土地食利阶层。在封建土地制度下,地主阶层基于垄断占有而摄取社会财富,通过新民主主义革命实现地权平均占有,消灭不劳而获的土地食利者。再经过社会主义革命取消土地私人占有实现地租的社会化。国家垄断土地一级市场政策便是当前快速城镇化阶段对土地制度社会主义宪法秩序的落实。集体建设用地入市相当于部分劳动群众以集体形式变为食利阶层,与"消灭人剥削人的制度"的社会主义公有制理念相悖。

部分经历过资产阶级民主革命的西方国家尽管承认土地私有制,但依然会通过征收土地增值税剥夺部分土地增值收益,绝对土地所有权在现代社会并不存在。与土地私有制下通过征税限制土地食利阶层的方法不同,我国直接取消土地私有制并通过国家垄断土地一级市场来消除城镇化过程中基于土地垄断占有而产生的财富不劳而获现象。部分学者主张参照国外经验来改革我国土地制度,通过征税来解决集体建设用地入市后的土地增值收益问题。对此需要反思的是,我国有无必要推倒现有制度再建立一套完全新的制度,并且这种新办法在技术上是否可行,以及完全建立一套新的制度需要付出多少成本。另外,一些国家实施的土地自由入市加征税办法是建立在土地私有制基础上的，土地私有制国家的土地宪法原则是保护私人土地财产权。集体建设用地入市加征税的办法本质上是承认集体土地所有权为类似法人所有权的“私权”，这与“集体所有”的公有制内涵不相容。

我国土地制度的起点是生产资料公有制而非民法所有权，集体建设用地入市加征税的办法区分适用性。针对当前我国推行土地制度改革试点工作，中央确定改革的三条底线之一是“坚持公有制”，显示改革者对土地制度社会主义宪法秩序的坚持。如何落实十八届三中全会提出的建立城乡建设用地统一市场是当前制度改革面临的重大问题。推行集体经营性建设用地入市试点工作的目的是探索改革问题。中央建立城乡建设用地统一市场是为了更有效地配置土地资源和更公平地分配土地增值收益。仅仅为让少部分农民获得土地增值收益并重新培育一批土地食利阶层不在改革目标之内。在探索总结出更公平有效的具体操作办法之前，现行城乡建设用地二元制度不宜贸然抛弃。

第三章 宅基地管理与物权法的适用限度*

农村宅基地管理因城市化带来的两类矛盾而备受关注,一是城市发展受到的土地资源约束;二是土地征收引发的社会冲突。不少研究者认为,造成上述矛盾的根本原因是,现有制度忽视宅基地的财产属性,因此提出保障农民私人性财产权的改革建议,并倾向按照物权规则重构宅基地管理制度。《物权法》的颁布实施为完善宅基地管理制度提供了新的契机。从物权角度对现有宅基地管理制度进行改革,需考虑两方面的情况:一是《物权法》与其他法律法规的关系;二是农村宅基地的经济社会属性。与总体否定既有宅基地管理制度的观点不同,本书认为,现行制度是长期实践的产物,是几代土地管理工作者和土地立法工作者智慧的结晶。当前,需要在厘清宅基地性质的基础上,结合中国城镇化的发展现实,探讨下一步宅基地管理制度改革的方向。

---

* 本章主要内容笔者与贺雪峰教授合作发表于《法学研究》2014 年第 4 期,收录本书中,获得贺雪峰教授的授权,文责笔者自负。

第一节　宅基地管理制度的结构与功能

宅基地是“约定俗成”的概念，①在统计上和管理实践中存在一定模糊性。但从法律上看，农村宅基地的内涵十分明确，主要是指集体组织分配给集体成员，满足其居住需求用于建设的土地。按照现有法律规范，我国农村宅基地具有“集体所有、农民使用、一宅两制、一户一宅、福利分配、免费使用、无偿回收、限制流转、不得抵押、严禁开发”等几方面特征。② 宅基地的上述法律属性，主要由《宪法》《土地管理法》《村民委员会组织法》《民法通则》《物权法》《中华人民共和国城乡规划法》（以下简称《城乡规划法》）《中华人民共和国担保法》（以下简称《担保法》）以及国土资源部关于印发的《关于加强农村宅基地管理的意见》等所界定。通过分析我国农村宅基地管理的实际执行过程可以发现，宅基地管理是集合了政治体制、基层自治与法律规范的一套综合性制度体系。宅基地管理的目标，包括提高土地资源的利用效率、实现土地增值收益合理分配、保障农民的宅基地使用权利。从管理过程上来看，宅基地管理包含国家管制权行使、集体所有权实践与农民使用权利实现这三个维度。

一、国家管制权的行使

国家对宅基地的管制权包含两个不同层次的内容。第一层次的管制权是从我国基本经济制度出发，来源于《宪法》在所有制层面上对土地作出的制度规定。第二层次的管制权是政府对土地用途的行政管制权力。

---

① 韩俊主编：《中国农村土地问题调查》，上海远东出版社2009年版，第83页。

② 张云华：《完善与改革农村宅基地制度研究》，中国农业出版社2011年版，第2页。

《宪法》第10条通常被看作我国土地立法与土地管理的基本起点。该条规定归结起来包括四方面内容:一是城市土地国家所有与农村土地和城市郊区土地集体所有的两种土地归属形式;二是一定条件下国家征收和征用土地的权力;三是土地所有权禁止交易和土地使用权可依法转让的规定;四是合理利用土地的规定。《宪法》是根本大法,制定其他法律法规都要符合《宪法》规定是不言自明的。具体的土地管理法律法规可看作对《宪法》第10条的可操作化和具体化。宅基地属于土地的一类,宅基地管理制度也是以《宪法》第10条的规定为基本依据的。

宅基地管理制度中的国家管制权直接源于《宪法》上的相关规定。具体来看,《宪法》第10条所包含的上述第三和第四两方面内容,在现实的宅基地管理中表现为,农村宅基地需经过征收程序变为国有土地之后才能够作为城市建设用地使用,以及农村宅基地使用权被禁止直接转让。这两方面的规定使国家获得宅基地用途转化(城市建设用地)的垄断权力,并造成作为用益物权的农民宅基地使用权"受限",体现了国家管制权的第一层次内容。从世界范围来看,土地上的国家管理行为通常被看作公权力对私人权利的干预,它是广义上的国家干预经济社会生活的管理权在土地领域的体现,这种管理权广泛兴起于"二战"期间,实质是"主权国家所固有的社会安全、公共福利、社会秩序、教育卫生、经济发展、社会利益的保护等项事务的法定权力"。[①] 在西方资本主义国家中,这种管理权基于社会公共利益目的而具备"干预"私人权利的正当性。我国土地管理制度中的国家管制权实现方式及其背后的合法性基础与西方国家的管理权并不完全等同,其原因是,我国是社会主义国家,并且作为管制对象的土地不是私有财产。

若土地在我国仅是一般意义上的物质财产,那就没有必要在《宪

① 刘俊:《中国土地法理论研究》,法律出版社2006年版,第52页。

法》上对其进行单独规定，私人间基于土地发生的财产关系仅需在民法中作出相关规定即可，而政府对土地占有和利用等私人行为的干预也仅需在相关的行政法律法规中作出规定即可。我国《宪法》专门对土地进行规定，需要从土地在我国的社会主义基本经济体制中的地位上来理解。佟柔先生将土地能否作为私人拥有的一般物质财产参与市场活动，看作区别“社会主义市场与资本主义市场”的重要标准，并指出“（土地）不是劳动产品，土地不能增加或者减少，谁也离不开土地，所以除了国家或集体可以拥有土地所有权外，私人要是把土地垄断起来，他就必定要奴役他人”。[①] 佟柔先生从马克思主义政治经济学的角度论证土地在社会主义制度中的特殊性。土地在我国不能为私人所有，且不能作为一般物质财产自由地参与市场经济活动，其根本原因在于土地是构成社会主义经济制度基础的公有性质的基本生产资料。《宪法》序言指明，我国社会主义制度确立的基本标志是“生产资料私有制的社会主义改造已经完成，人剥削人的制度已经消灭”。中华人民共和国成立以后，我国社会顺利实现从新民主主义向社会主义过渡的关键一点是，通过系列的政治社会活动完成土地从私有制向公有制的转化。[②]

《宪法》第 10 条规定土地属于国家或集体“所有”，与民法意义上的“所有权”不同，前者包含了生产资料所有制的内涵。根据《宪法》第 6

① 《佟柔文集》编辑委员会编：《佟柔文集——纪念佟柔教授诞辰 75 周年》，中国政法大学出版社 1996 年版，第 136 ~ 137 页。

② 1956 年 6 月全国人民代表大会通过的《高级农业生产合作示范章程》规定，“农业生产合作社按照社会主义的原则，把社员私有的主要生产资料转为合作社集体所有”，“农民必须把私有的土地和耕畜、大型农机等主要生产资料转为合作社集体所有”，土地归合作社集体所有并取消土地报酬是高级社与初级社的关键区别。1962 年中国共产党第八届中央委员会第十次全体会议通过的《农村人民公社工作条例修正草案》规定：“生产队范围内的土地，都归生产队所有。生产队所有的土地，包括社员的自留地、自留山、宅基地等等，一律不准出租和买卖。”1963 年制定的《中共中央关于各地对社员宅基地问题作一些补充规定的通知》规定，“社员的宅基地，包括有建筑物和没有建筑物的空白宅基地，都归生产队集体所有，一律不准出租和买卖”。

条的规定,“中华人民共和国社会主义经济制度的基础是生产资料的社会主义公有制,即全民所有制和劳动群众集体所有制”。《宪法》第10条所规定的土地“国家所有”与“集体所有”是生产资料公有制两种形式的具体体现。《宪法》第6条和第10条分别构成我国土地管理的大前提和小前提,具体管理过程中政府、集体与农民在宅基地上的法律关系,以及农民占有、使用和处分宅基地的权利,都来源于《宪法》的规定。

国家垄断控制宅基地用途转化(城市建设用地)并限制农民的宅基地使用权利的合法性,源于社会主义公有制赋予国家的政治权力。《宪法》第10条赋予国家通过征收而改变土地所有权的权力,根据《土地管理法》第43条的规定,“任何单位和个人进行建设,需要使用土地的,必须依法申请使用国有土地”。以上两方面规定相结合就使土地征收成为满足我国当前大规模的城市化工业化用地的唯一合法途径。再结合《土地管理法》第47条“按照被征收土地的原用途给予补偿”的规定,包括宅基地在内的农村集体所有土地通过用途转化实现的增值收益,大部分归国家所有。总之,在具体的宅基地管理实践中,第一层次上的国家管制权就表现为国家征收宅基地和通过垄断城市建设用地一级供给而占有宅基地大部分增值收益的权力。

当前很多人参照国有土地出让价格,提出农民在宅基地被征收过程中没有获得“公正补偿”,进而质疑国家管制权的合法性。“公正补偿”的内涵既是国家不能借“公共利益”之名侵犯私人权利,同时也是私人不能获得超过公平补偿之外的利益。因此,问题的关键就在于如何理解出让与补偿“差额”的来源和归属。征收通常被理解为“国家强制收买个人财产”,[①]国家征收行为除了具有强制性以外,还包含“收买”性质,这在制度经济学上可看作一种“产权交易”行为。宅基地征收可

① 梁慧星:《宪法修正案对非公有制经济和私有财产的规定》,载《私法》第4辑第2卷。

被理解为国家强制收买农民在宅基地上的“产权”。不过这一产权交易过程不能被理解为市场经济中的一般商品交易，因为土地在我国“不属于商品”，“在社会主义社会，土地绝不允许私人垄断，因此，不能够用民法的原则来解决”。[①] 所以，国家在对农民进行征地补偿时，不是将集体所有土地作为一般“商品”并按照“市场价值”进行补偿。国家确定的征地补偿包括“土地补偿费、安置补助费以及地上附着物和青苗的补偿费”三大项，其中土地补偿费和安置补助费都按照原产值倍数的方法确定。《土地管理法》第 47 条第 5 款规定：“依照本条第二款的规定支付土地补偿费和安置补助费，尚不能使需要安置的农民保持原有生活水平的，经省、自治区、直辖市人民政府批准，可以增加安置补助费。但是，土地补偿费和安置补助费的总和不得超过土地被征收前三年平均年产值的三十倍。”从该规定可以看出，国家征地时向农民支付土地补偿费和安置补助费的目的是使“农民保持原有生活水平”，是从土地作为农民的生产资料角度出发，而非将土地当作“商品”对待。在社会主义制度下，(集体所有)土地负担着向集体成员提供劳动就业机会和生活保障的功能，征地相当于对集体成员生产生活机会的剥夺，征地补偿是弥补这种机会剥夺带来的经济损失而非土地本身。征地过程实现土地从“集体所有”向“国家所有”的转化，本质是生产资料从一种公有制形态(劳动群众集体所有)转化为另外一种公有制形态(全民所有)，需与民法所有权转移(市场中的商品交换)相区别。

社会主义公有制是国家垄断城市建设用地一级供给而占有土地增值收益的合法性基础。根据《宪法》第 6 条的规定，“社会主义公有制消灭人剥削人的制度，实行各尽所能、按劳分配的原则。”既然土地是属于

---

① 《佟柔文集》编辑委员会编：《佟柔文集——纪念佟柔教授诞辰 75 周年》，中国政法大学出版社 1996 年版，第 98 页。

公有性质的,土地增值收益就需要按照社会主义原则分配。集体所有土地转为城市国有建设用地产生的增值收益,不是来自任何个人直接的劳动投入,而是整体经济社会发展的产物,是全民劳动成果的间接体现。[①] 国家通过征地制度将土地增值收益转化为公共财政,"取之于民,用之于民",体现了"涨价归公、地利共享"的社会主义公有制原则,具有宪法意义。

国家进行宅基地管理还要达到土地资源合理利用的目标,由此产生第二层次的国家管制权。宅基地属于稀缺性自然资源。我国人地关系高度紧张,土地资源已经成为当前制约经济社会发展的重要因素,国家需要对土地资源利用进行管理。《宪法》第 10 条第 5 款规定:"一切使用土地的组织和个人必须合理地利用土地。"《土地管理法》与《城乡规划法》等规定了土地用途管制与合理利用宅基地的具体方式,主要包括对宅基地占用耕地的限制、农户宅基地使用面积限制,以及积极复垦废旧宅基地的要求等。这一层次的国家管制权属于一般行政权力,并主要从资源管理角度进行,因此在土地管理学上一般被称为"土地用途管制",《土地管理法》第 4 条专门规定"国家实施土地用途管制制度"及相关内容。以"土地用途管制"为主要内容的国家管制权主要是指"由行政机关进行的对土地利用主体行为的限制"。[②] 这一层次的国家管制权在现代各国普遍存在,且这方面内容较少存在争论,故不深入讨论。

① 孙中山指出:"因为地价高涨,是由于社会改良和工商进步……由众人的力量经营而来的;所以由这种改良和进步之后,所高涨的地价,应该归之大众,不应该归之私人所有。"参见孙中山:《三民主义》,岳麓书社 2000 年版,第 200 页。

② 程久苗:《论土地用途管制》,载《中国农村经济》2000 年第 7 期。

二、集体所有权的实践

在集体所有的土地上,集体组织拥有对外与对内两方面权利,共同构成集体所有权。

在对外方面,集体所有权主要是确定自身的排他性边界,建立本集体与第三人间的关系。依照《民法通则》第 5 章规定,包括宅基地在内的集体所有土地为“集体所有的财产”的一种,属于受法律保护的民事权利。2011 年国土资源部、财政部、农业部联合下发《关于加快推进农村集体土地确权登记发证工作的通知》(国土资发〔2011〕60 号)后,开始我国农村新一轮土地确权工作,并规定“遵循‘主体平等’和‘村民自治’的原则,按照乡(镇)、村和村民小组农民集体三类所有权主体,将农村集体土地所有权确认到每个具有所有权的农民集体”。本轮土地确权工作打破过去农村土地管理上的“有意的制度模糊”,[①]目标是保护集体在土地上的权利和权益,并促进土地管理工作。关于集体所有权,在对外方面较少存在争议,多数争论主要存在于对内方面,即集体与成员的关系以及集体成员之间的关系。

对于集体所有权的性质认识,学界存在较大分歧,主要包括“抽象的集体所有形态”“总有说”“法人和个人共同所有说”与“共有说”等几种观点。[②] 产生以上分歧的原因是经济制度上的“所有制”概念与民法所有权概念的不同一性。根据《民法通则》第 74 条第 2 款的规定,“集体所有的土地依照法律属于村农民集体所有”,《土地管理法》第 8 条第 2 款规定:“农村和城市郊区的土地,除由法律规定属于国家所有的以

① 何·皮特研究中国农村土地制度发现存在大量产权不清晰地带,并认为这种为中央政府有意设置的“模糊”制度是中国农村改革成功的关键因素。参见[荷]何·皮特:《谁是中国土地的拥有者?》,林韵然译,社会科学文献出版社 2008 年版,第 33 页。

② 王利明:《物权法论》,中国政法大学出版社 2003 年版,第 283 ~ 288 页。

外,属于农民集体所有;宅基地和自留地、自留山,属于农民集体所有”,《物权法》第59条第1款规定,“农民集体所有的不动产和动产,属于本集体成员集体所有”,以上所列几个条款对农村土地所有权的规定都延用“集体所有”或者“集体成员所有”这类具有政治经济学内涵的概念,并没有明确“集体”本身的性质。作为集体土地所有权主体的“集体”,通常被理解为“农村集体经济组织”。[①]《土地管理法》第10条和《物权法》第59条不仅规定了集体土地所有权主体,而且规定了集体土地所有权的行使主体和行使方式。《土地管理法》第10条规定:“农民集体所有的土地依法属于村民集体所有的,由村集体经济组织或者村民委员会经营、管理;已经分别属于村内两个以上农村集体经济组织的农民集体所有的,由村内各该农村集体经济组织或者村民小组经营、管理;已经属于乡(镇)农民集体所有的,由乡(镇)农村集体经济组织经营、管理。”基于该条款,农村集体土地所有权行使主要包括“经营”与“管理”,所有权行使主体包括“集体经济组织”“村民委员会”“村民小组”和“乡(镇)农民集体经济组织”四类。

农村集体土地所有权主体与所有权行使主体的不一致现象,与我国农村基层组织演变历史有关。人民公社是政社合一体制,随着人民公社制度取消,农村基层组织实现政社分离,原来既是经济组织也是政权组织的公社、大队和小队,演变成为政治上的乡(镇)、村、组三级政权组织,政社分离以后只有一部分农村单独保留有集体经济组织。尽管法律规定农村集体所有权行使主体包括四类,但我们在全国农村调查中发现,当前绝大部分农村都不存在实质意义的集体经济组织,在我国大部分农村中是由村委会或者村民组行使土地所有权。村与组

① “农村集体所有权,是指农村集体经济组织成员对于本集体所有动产和不动产所享有的所有权。”吴谦编著:《物权法注释全书》,法律出版社2012年版,第202页。

属于基层群众性自治组织，通过“村民自治”产生。农村土地集体所有权对内行使，主要是按照“村民自治”原则处理农户与集体的关系以及农户与农户间关系。农村宅基地分配体现“村民自治”性质。[①]根据《村民委员会组织法》第24条的规定，“宅基地使用方案”需“经村民会议讨论决定方可办理”，村组集体在宅基地分配、调整、收回以及使用限制等方面的行为属于村民自治活动。农民经过“村民会议决定”才能够占有宅基地，集体组织按照民主原则行使集体土地所有权并赋予农民宅基地的使用权。

王利明指出集体土地所有权行使方式对于所有权实现的重要意义在于，“集体所有本质上应当是劳动者在共同占有生产资料的基础上实现民主管理，走向共同富裕的财产形式”，“集体财产所有权要体现成员的所有，恢复其作为集体所有的性质，就要强调集体成员对于集体财产的民主管理。这种管理绝不是抽象的，而应当通过具体的措施加以落实，并通过成员所享有的各项权利加以确立，才能保障这种权利真正得以落实”。[②] 由村组一类基层自治组织行使农村集体土地所有权，完全符合上述要求。现实中农村集体土地所有权能够有效行使的原因是，村民自治是一种有效的公共资源治理方式。从产权角度来理解这种集体所有权，农村宅基地属于公共财产，即奥斯特罗姆所讲的“公共堰塘资源”，[③]其特点是被一个小群体排他性地共同占有，且由于法律或者技术原因而无法分割的稀缺资源。农村宅基地对外具有排他性，对内属于公共财产，宅基地管理要实现资源公平合理利用的目的。首先，农户

① 《村镇建房用地管理条例》(1982年)第14条规定宅基地审批程序，“向所在生产队申请，经社员大会讨论通过，生产大队审核同意”。国土资源部于2004年印发的《关于加强农村宅基地管理的意见》中延续了类似的规定。

② 王利明：《物权法论》，中国政法大学出版社2003年版，第287页。

③ [美]埃莉诺·奥斯特罗姆：《公共事务的治理之道》，余逊达等译，上海译文出版社2012年版，第36页。

间在宅基地占用上存在竞争性,需要保证宅基地公平分配,由此产生集体组织划分、调整和回收超占宅基地的权力。其次,宅基地使用具有“外部性”,①会影响到村庄格局和他人使用,集体组织要依照村庄规划进行宅基地管理,并对农民宅基地使用权进行限制;另外,宅基地属于稀缺资源,集体组织要依照耕地保护原则进行宅基地节约集约利用,并积极组织农民进行废弃宅基地复垦。

长久以来,公共资源治理是在“国有化”与“私有化”两种方案间做选择,奥斯特罗姆发现在这两种方案之外,全世界普遍存在在不改变资产产权前提下,通过当事人协商合作实现自主治理的方式。② 通过“集体所有权 + 村民自治”方式进行宅基地管理,体现了公共资源治理的第三种方案。集体组织通过“村民自治”方式进行的宅基地管理行为,既不同于国家管制权,也不属于平等民事主体间民事关系,而是一种针对公共资源的自主治理活动。

三、农民使用权的实现

农民的宅基地使用权可以从取得与使用两个方面分别理解。

在取得上,符合分户条件的农户有权向本集体组织申请获得宅基地。宅基地取得与身份相联系,身份包括三层含义:一是农民身份;二是本集体成员身份;三是村社共同体的社会身份。1999 年国务院办公厅下发的《关于加强土地转让管理、严禁炒卖土地的通知》规定,“农民的住宅不得向城市居民出售,也不得批准城市居民占用农民集体土地

---

① “外部性(externalities)(或溢出效应)指的是企业或者个人向市场之外的其他人所强加的成本或者利益。”参见[美]保罗·塞缪尔森、威廉·诺德豪斯:《经济学》(第 16 版),萧琛等译,华夏出版社 1999 年版,第 28 页。

② [美]埃莉诺·奥斯特罗姆:《公共事务的治理之道》,余逊达等译,上海译文出版社 2012 年版,第 1 ~ 34 页。

建住宅”。禁止城镇居民占用宅基地,表明农民身份是取得宅基地使用权的前提。农村宅基地为集体成员共同拥有,因此宅基地取得只限于本集体成员。在调查中我们还发现,当前很多地方农村普遍存在宅基地取得与“村籍”相联系的规矩,“村籍”是一种村社共同体的社会身份,比如有些村庄中,户籍外迁的原居民有资格获得宅基地,取得本村户籍的外地人却不能获得宅基地。农民解释说,宅基地与一个人的“根”有关,是否为本集体的成员关键是“根”是否在本地,这是与现代法律理念有别的传统“乡土”观念。集体分配宅基地对“户籍”身份与“社籍”身份的要求,分别体现了集体成员权的法律与社会内涵。

农民身份与城镇居民身份的区分,体现了我国城乡二元体制。城镇居民不能占用农村宅基地的原因在于,农村宅基地“在一定程度上具有福利和社会保障的功能”。[①] 1998 年我国启动城镇住房体制改革以后,在城镇停止实物住房分配政策,城镇居民主要通过市场获得住房,低收入群体可申请公租房、廉租房,公租房、廉租房政策为城镇居民住房需求兜底。农村宅基地具有与城市公租房、廉租房相似的社会保障性质。

当前存在较大争议的,是农民处置宅基地的权利。现行法律对农民私自转让宅基地进行严格限制,宅基地转让一般是随住房转让发生且限制在集体内部,《土地管理法》第 62 条第 4 款规定:“农村村民出卖、出租住房后,再申请宅基地的,不予批准。”《担保法》规定,包括宅基地在内的集体土地使用权不得抵押。是否应该通过政策调整解除这一限制,与对宅基地基本属性判断有关。保障性与财产性构成当前理解农村宅基地性质的一对基本框架。一方面,宅基地为农民提供基本生

① 王利明:《物权法论》,中国政法大学出版社 2003 年版,第 472 页。

存保障，是“稀缺性生活必需品”；[1]另一方面，宅基地在用途上属建设用地范畴，为有限土地资源的一部分，在城市建设用地有偿使用制度下，宅基地存在潜在的资产价值。由于宅基地兼具保障性与财产性，因此很难抽象地论断是否应该开禁宅基地流转抵押，这就要求结合中国现实情况来考察相关制度设置。

农村宅基地既属于稀缺性资源，因而需要国家管制，同时它作为土地的一类，也属于社会主义公有性质的生产资料，附着于土地上的社会财富要按照社会主义公有制原则进行分配。[2] 农村宅基地属集体所有，宅基地管理既要实现集体对外的排他性权利，也要结合民主管理机制进行公共资源治理，既要提高资源使用效率，也要保障集体成员间的公平。农民基于成员身份占有使用宅基地，满足其居住基本需求，保护农民的宅基地使用权是向农民提供基本生存保障的方式，是基本人权的实现。[3] 国家管制权、集体所有权与农民使用权共同构成我国宅基地有效管理的三个维度。

第二节 宅基地属性及对财产权话语的反思

国家管制权、集体所有权与农民使用权一方面共同构成我国宅基

---

① 孟勤国：《物权法开禁农村宅基地交易之辩》，载《法学评论》2005年第4期。

② 黄小虎指出，“在土地私有的社会里，土地所有者不劳而获，以地租或地价的形式摄取、拦截和扣留剩余价值超过平均利润的余额”，“在社会主义公有制条件下……地租或地价收入不再具有剥削性质，国家作为城市土地的所有者，收取的地租，全部用于城市建设和发展经济”。参见黄小虎：《土地与社会主义市场经济》，中国财政经济出版社2008年版，第36～37页。

③ 《国家人权行动计划(2009－2010年)》将“住有所居”归入人权范围；《国家人权行动计划(2012－2015年)》将“通过土地确权登记保障农民的宅基地使用权与完善城市保障性制度”共同列入“基本生活水准权利”。

地管理制度的有机整体；另一方面这三个维度之间也存在一定张力。例如，国家管制权对集体所有权的限制。在当前快速城镇化背景下，农村宅基地管理制度改革的焦点主要包括是否引入市场机制进行农村宅基地资源配置以及农村宅基地能否直接进入城市建设用地市场两个方面。在宅基地管理制度改革上，由于当前大部分学者从个体农民的角度认识宅基地管理制度，并忽视三个维度之间的张力与平衡，从而形成了扩大农民的私人性权利并缩小国家管制权和集体权利的主导性观点。持这一类观点的学者认为，现有管理制度侵害农民对于宅基地的财产权利，使宅基地沉积为“死资产”，因此，主张开禁宅基地市场并缩小或者取消征地制度，开辟一条“农民自主型城镇化道路”。[①] 该类主张建立在对宅基地财产属性判断的基础上。澄清农村宅基地的基本属性，是判断相关观点的前提。

一、宅基地市场价值与社会财富分配

持以上一类改革观点的学者，错误地参照城市建设用地的市场价值来认识农村宅基地。实际上，二者仅因为在用途分类同属“建设用地”而仅具有概念相似性，它们的市场价值完全不同。假设解除政府对土地使用的管控（包括用途管制、规划管制、指标控制），完全按照市场机制配置土地资源，所有地块的使用权都由出价最高者获得，在理想的状况下，竞价机制会实现城市建设用地边际租金与农地租金相等，这个均衡点就在城市边际线上。[②] 当前我国的实际情况是，政府在城郊征地

① 周其仁：《还权赋能：奠定长期发展的可靠基础》，北京大学出版社2010年版；韩康、肖钢：《积极探索建立有中国特色的农村宅基地市场》，载《理论前沿》2008年第13期；刘守英：《集体土地资本化与农村城市化》，载《北京大学学报》2008年第6期；天则经济研究所：《经济学家和法学家就中国土地制度的对话与争鸣》，载《甘肃行政学院学报》2010年第2期。

② ［美］威廉·阿朗索：《区位和土地利用——地租的一般理论》，梁进杜等译，商务印书馆2007年版，译者前言，第7～9页。

后的土地出让价格是征地补偿标准(基本等同于农业地租的资本化)的数倍甚至数十倍。现实中的情况是上述理性状态差异较大,其原因在于我国城市土地供给并非由市场机制决定。为了保护耕地资源和促进城市合理发展,国家通过下达建设用地指标控制城市建设规模和发展速度,形成了与理想状态下土地供求平衡不同的供给不足局面,并造成供地价格抬高。城郊村土地参照城市建设用地形成高于农地租金的"影子地租",[①]是由紧缩的城市建设用地供给政策造成的。

农村宅基地市场价值不能参照城市建设用地价格的另外一个原因是,城市建设用地需求存在总量上限。中央农村工作领导小组办公室主任陈锡文基于现有城市化率与城市建设用地规模估算得出,未来中国城市化占用农村集体所有土地最多为1亿亩,而农村土地约为60亿亩(包括农村建设用地2.77亿亩)。[②] 贺雪峰估算未来20年至30年城市发展,将造成占总量5%的农村集体所有土地转为城市建设用地,[③]高于陈锡文估算比例。放宽口径,按照5%的规模估算,假设城市和农村居民点是均匀分布在国土上,受城市建设总规模限制,最终只有5%的农村有可能随着城市扩展而变成"城郊村",也只有这5%的农村宅基地在未来20年至30年中有可能转化为城市建设用地。

倡导农村宅基地直接入市的学者,抽象地讨论农村宅基地的财产属性,忽视了土地不可移动的自然属性,并忽视了城市建设平面扩张的

---

① "凡是通过估算而得出的地租与地价,均可称之为'影子地租'与'影子地价'"。参见周诚:《土地经济学》,商务印书馆2003年版,第314页。

② 参见陈锡文:《大城市要疏散人口首先要疏散项目》,载http://news.ifeng.com/mainland/special/2014lianghui/fangtan/detail_2014_03/11/34656451_0.shtml,最后访问日期:2014年4月25日。

③ 贺雪峰:《地权的逻辑Ⅱ——地权变革的真相与谬误》,东方出版社2013年版,第80页。

规律,进而忽视了土地市场价值的区位差异。① 实际上,持这类观点的学者多是将研究对象限定在城市近郊农村。② 在讨论放开农村宅基地入市的政策后果时,需加入区位因素条件,并对95%的一般农村与5%有可能变成城郊村的农村进行区分。假设农村人口在地理上均质分布,农村宅基地入市意味着5%的农村的宅基地有机会转化为城市建设用地,并按照城市建设用地价格实现其市场价值,其他95%的农村的宅基地因区位限制没有机会进入城市建设用地市场,而只具有农地的市场价值。两类宅基地市场价值的差异会形成农村内部二元结构,其中5%的农民独享土地用途转化带来的增值收益,另外95%的农民被排斥分享城市化过程中的土地增值。推动城乡统筹通常是论证农村宅基地入市的另一个理由,其逻辑是打破政府垄断城市建设用地一级供给,取消"土地财政",促使土地增值收益返回农村。由于没有考虑到区位因素,这一改革建议的实际结果是,5%的农民独享原本转为公共财政的土地增值收益,造成了更大的社会不公平。初始目的为打破城乡二元结构的改革建议,却有可能推动形成"一般农村—近郊农村—城市"的三元结构,其结果是弱化国家(政府)通过财政手段进行社会财富二次分配的能力,造成不利于缩小城乡差距的后果。

通过行使国家管制权,让全社会分享城市化带来的土地增值收益,属于社会主义"消灭人剥削人的制度"的一部分。土地市场价值是地租

① 城市建设用地市场价值的区位差异反映出非农用地的"级差地租",位置是决定建筑用地级差地租的决定性因素。参见周诚:《土地经济学》,商务印书馆2003年版,第323页。

② 刘守英提出的让农民自主城市化的改革建议,源自北京市近郊郑各庄的经验,周其仁发现农民自用建设用地(包括宅基地)经由市场竞价可表现出惊人货币财富的观点,源自他在都江堰景区农村的调研。郑各庄和都江堰景区农村的宅基地因特殊位置而产生级差地租,都属于"城郊村"一类。分别参见刘守英:《集体土地资本化与农村城市化》,载《北京大学学报》2008年第6期;周其仁:《还权赋能:奠定长期发展的可靠基础》,北京大学出版社2010年版,第24~30页。

资本化的反映,“实质是土地所有权在经济上的实现”。[①] 古典经济学将地租看作所有权参与利润分配,新古典经济学称其为“纯经济租金”,也将地租当作分配问题讨论。[②] 对于地租与社会财富的关系,马克思曾给出经典论述:“土地所有权并不创造那个转化为超额利润的价值部分,而只是使土地所有者……有可能把这个超额利润从工厂主口袋里拿过来装进自己的口袋。它不是使这个超额利润创造出来的原因,而是使它转化为地租形式的原因。”[③]古典经济学派批判(地主食利阶层)通过地租不劳而获地占有社会财富,因此主张“根据财政上的需要对地租的自然增长额课税”,[④]新古典经济学认为,“对租金征税不会引起经济扭曲或导致非效率”并促进“收入分配改善”。[⑤] 这些都构成土地增值收益归公众享有的理论基础。

是否允许农村宅基地直接入市,以及如何处理少数“城郊村”农民与绝大部分一般地区农民的关系,本质是社会财富分配公平问题。有学者指出,当前城市化背景下土地权利争论的核心是,土地非农开发权利归属的问题,即土地开发权配置。[⑥] 欧美一些国家将这种改变用途的土地开发权利,从土地所有权中分离出来,单独设立为土地发展权,有学者比较中国的征地制度与英美设定独立土地发展权制度后发现,二者在促进土地增值收益公众分享和保障社会公平方面具有相似功能。[⑦]

---

① 周诚:《土地经济学》,商务印书馆 2003 年版,第 303 页。

② [美]保罗·塞缪尔森、威廉·诺德豪斯:《经济学》(第 16 版),萧琛等译,华夏出版社 1999 年版,第 202 ~ 216 页。

③ [德]马克思:《资本论》(第三卷),中共中央马克思恩格斯列宁斯大林著作编译局译,人民出版社 2004 年版,第 729 页。

④ [英]约翰·穆勒:《政治经济学原因及其在社会哲学上的若干应用》(下卷),胡企林等译,商务印书馆 1991 年版,第 391 页。

⑤ [美]保罗·塞缪尔森、威廉·诺德豪斯:《经济学》(第 16 版),萧琛等译,华夏出版社 1999 年版,第 204 页。

⑥ 华生:《城市化转型与土地陷阱》,东方出版社 2013 年版,第 77 ~ 83 页。

⑦ 陈柏峰:《土地发展权的理论基础与制度前景》,载《法学研究》2012 年第 4 期。

与允许少部分农民通过宅基地直接入市独占土地增值收益建议相比，现行土地管理制度将土地增值收益转为公共财政，可实现土地增值收益全民分享，更能够体现土地“涨价归公”理念。

二、宅基地的使用价值与保护型制度设置

将视角转到宅基地的社会功能上会发现，尽管95%远离城镇的农村宅基地，不可能参与城市建设市场而获得土地增值收益，但其具有很高的使用价值。站在使用价值角度，会看到宅基地限制交易制度的合理性。

大部分农村宅基地只具有很低交易价值的观点，也在我们的实证研究中被证明。现有政策严禁宅基地直接进入城市建设用地市场，并禁止城市居民以各种形式获得农村宅基地使用权，但农村内部的宅基地转让行为并没有被限制死。我们完成的一项调查发现，[①]农民的宅基地主要通过“村里划批”与“继承”两种方式获得，除此以外，还有3.6%是通过“向其他村民购买”获得。农民之间的宅基地流转主要分为两种形式：一种是村庄内部的，一般存在于集体组织不能够有效收回农户超占宅基地并进行再分配的地方，这类宅基地的交易价格一般参照当地征地补偿标准计算。另一种是跨村的，主要发生在城镇周边，一般是距离集镇较远的本地农民购买建房，目的是方便获得城镇的医疗、教育和交通一类公共服务。这一类宅基地价格较高，就我们调查的9个县18个村的情况来看，最高价格为15万元(200㎡)。两类流转价格差异，与区位造成两种宅基地的性质不同有关，后一类宅基地能够满足

① 2013年11月至2014年3月，笔者选取湖北省、江苏省、陕西省的9个县市区18个行政村进行农村宅基地管理现状调查，发放调查问卷3800份，其中有效问卷3767份。下文继续运用本次调研所收集的数据时，不再一一说明。

农民的城镇居住需求，价格反映了当地城市建设用地地价。后一种形式的宅基地流转反映出当前土地管理存在“灰色”地带，如果严格土地管理，并以国有建设土地出让方式进行农村小城镇建设供地，那么这种形式的宅基地市场将会消失。

受人口流动方向的影响，前一种形式的宅基地市场空间也不大。当前的人口流动主要发生在城乡之间，随着农村人口向城市流动，村庄内部的宅基地将呈现剩余状态，会出现越来越多的“空心村”。这样一来，原本规模很小的农村内部的宅基地市场也将会萎缩。随着农村人口减少，大量剩余的废弃宅基地将会被农民自发地复垦为耕地。

若是放开政策，允许农村宅基地流转，最有可能出现的情况是城市居民到农村购买宅基地。农村较城市自然环境优美，并且投资土地是一种良好的资产保值增值手段，在总体价格较低的情况下，[①]有可能出现农村宅基地向城市居民或者资本集中的情况。但是，在城市化水平较低阶段出现“逆城市化”现象，与中国当前的新型城镇化发展战略相悖。城镇居民占有农村宅基地，与集约节约利用土地的政策目标违背。另外，宅基地流转政策有可能造成部分农民丧失居所，会带来社会矛盾。从实现市场价值角度设计宅基地管理制度改革，有可能出现影响经济社会发展和损害农民利益的情况。从使用价值角度来看，既有的宅基地管理制度具有明显合理性。集体组织以福利形式向符合条件的农民分配宅基地，使广大农民“住有所居”，宅基地限制交易政策，防止土地向资本集中，是一种保护型制度设置。这种保护型宅基地制度设计，对95%的农民个体与中国整体发展都具有积极意义。

---

① 18个村的宅基地（连同房屋）的平均交易价格为每处1.81万元。现实数据表明，在当前农村人口流出和宅基地总体充足甚至过剩情况下，占总量95%的远离城镇的农村宅基地，不具有高于一般农地地价的市场价值。

由于95%的农村宅基地的市场价值与普通农地地价相似，限制宅基地流转政策，并没有造成“资产”浪费。如果这部分宅基地依然为农民有效利用，受“一户一宅”政策影响，在居住需求无其他替代性满足途径的情况下，农民不可能出售基本生存资料。① 相反，如果农民不再使用某块宅基地时，为了增加农业收入就会将其复垦为耕地，这也不会造成资源浪费。限制宅基地流转政策造成农民不具有充分处置宅基地的权利，如果将农民的宅基地使用权看作一种“产权残缺”，那么这种产权上的不完整性，就具有阻止农民在某种情况下出售其基本生存资料的功能。② 限制性政策具有保护功能，“两害相权取其轻”，这种产权上的不完整是值得的。

这种限制性政策既可为农民强制保留农村宅基地，又可为中国快速城市化建立稳定基础。当前，中国大规模人口流动、高速经济增长、快速城市化的过程必然蕴含巨大社会风险。在人口与经济基数大且变化速度快的情况下，某种小比例、小概率和局部的矛盾，都有可能累积或者直接引发中国社会整体性的系统风险。改革开放以来中国持续快速发展而不失稳定的一个关键，在于在城市这一主要发展极之外还存在农村这一稳定极。当前中国的发展模式是，城市构成发展引擎，农村构成稳定器，一动一静，一张一弛，实现发展与风险的平衡。在农村稳定结构中，土地制度扮演了基础性角色。因为有耕地，在城市失业的农民可以返回农村从事农业生产；因为拥有宅基地，无法在城市买房安家的农民，能够在农村获得立身之所。作为世界上最大的发展中国家，中

① 调查发现，排除掉政策限制因素后，当前仅有不足10%的农民存在出售宅基地和住房的意愿，并且出售意愿随着农民所处村庄社会分层位置降低而降低。

② 孟勤国认为，“就农村宅基地使用权设立的宗旨和方式而言，本就是为了农民盖房，而非是让农民拿去卖，也就是说，农村宅基地使用权本无流通的含义，其性质犹如居住权”。孟勤国：《物权法开禁农村宅基地交易之辩》，载《法学评论》2005年第4期。

国大规模城市化却没有产生其他发展中国家普遍存在的城市贫民窟现象,与限制宅基地流转的政策有极大关系。[①] 现有的宅基地管理制度,在总体上发挥了保护性功能。

持财产权话语的学者,抽象地讨论宅基地的财产属性,将农村宅基地与城市建设用地混为一谈,且没有区分区位因素所造成的两类宅基地差异,使其提出的改革建议缺乏现实依据。上述分析表明,95% 的农村宅基地不可能进入城市建设用地市场,允许农村宅基地入市,会影响社会财富分配,造成更大的不公平。由于绝大部分农村宅基地几乎不具有超过农地地价的市场交易价值,允许农村宅基地流转,不可能让农民致富,反而会破坏现有的保护型制度设置。

第三节 物权法在宅基地管理中的限度

一、宅基地管理制度物权化改革主张

抽象地从财产性角度看待宅基地的学者,趋向于用物权来衡量主体在宅基地上的权利,并倾向于用物权法来规范主体间在宅基地上的关系。[②] 土地作为最重要的不动产,是物权法调节的重要内容。《物权法》的出台冲击既有宅基地管理制度三维结构的平衡关系,为按照物权规范重构宅基地管理制度的改革观点提供法律依据。[③]《物权法》出台

① 贺雪峰:《论中国式城市化与现代化道路》,载《中国农村观察》2014 年第 1 期。

② 王利明认为,“物权法的调整对象是物的归属即主体因对物的占有、利用等而发生的财产关系”。王利明:《物权法论》,中国政法大学出版社 2003 年版,第 47 页。

③ 王利明等指出,“1986 年《民法通则》颁布以后,农村土地权利就逐渐向物权形态转化,而且,以多元化的物权形态表现出来。可以说,2007 年通过的《物权法》最终完成了我国农村土地权利的完全物权化”。王利明、周友军:《论我国农村土地权利制度的完善》,载《中国法学》2012 年第 1 期。

之后，我国也加紧了《土地管理法》的修订步伐，从话语上争夺对《物权法》中与宅基地相关条款的解释，成为当前直接批评现有土地管理制度不合理性之外的，另一种影响宅基地管理制度改革的重要手段。《物权法》条款中与农村宅基地有关的最关键两点：一是将集体所有土地与国家所有土地同等地纳入“所有权”保护范畴；二是将宅基地使用权规定为用益物权。如何利用这两点重构宅基地管理制度，是当前研究的热点。

征地制度是现有土地管理制度中最受争议的一部分。梁慧星指出，征收是任何国家都存在的财产权保障的“例外规则”，征收需要严格执行三个法定条件：一是限制于社会公共利益目标；二是依照法定程序；三是公正补偿。[①] 目前，对我国征地制度的批评主要是从这三个条件没有被满足的角度进行的。例如，有学者指出“公共利益”缺乏严格界定标准，造成地方政府借“公共利益”幌子征地用于营利性开发，“实质上是对土地权利人的欺骗，对土地私权的非法剥夺”；[②]或是认为程序性失序是造成当前政府滥用征地权的关键，致使“财产权所具有的排他性受到征地权超越性的影响，无法从一般市场中的产权交易角度来评价征地补偿的正当性与效用”；[③]而最直接的批评是针对补偿标准，认为要按照市场价值补偿才算合理。[④]

对于改革征地制度主要有两种思路：一种是从程序上完善土地征收立法；[⑤]另一种则认为与规范征地程序和清晰界定“公共利益”相比，

---

① 梁慧星：《宪法修正案对非公有制经济和私有财产的规定》，载《私法》第4辑第2卷。

② 龚刃韧：《中国农村土地征收的宪法困境》，载《法学》2013年第9期。

③ 程洁：《土地征收征用中的程序失范与重构》，载《法学研究》2006年第1期。

④ 天则经济研究所：《经济学家和法学家就中国土地制度的对话与争鸣》，载《甘肃行政学院学报》2010年第2期。

⑤ 程洁：《土地征收征用中的程序失范与重构》，载《法学研究》2006年第1期。

规定按照“公平市场价值”进行征地补偿更具有实质意义。[①] 与上述两种“完善”征地制度的观点不同,还有相当部分学者提出更彻底的改革方案是,直接“取消当前我国的土地供给的单轨制”,建立城乡统一的土地市场,允许包括宅基地在内的农村建设用地直接参与城市用地供给。[②] 这三种观点的共同之处是质疑国家垄断城市建设用地供给,认为征地制度造成农民的土地财产权得不到保护,“城乡二元土地制度结构”违反平等保护不同形式财产权的法律原则。[③] 对于改革现有征地制度,站在不同角度的学者给出的以上改革方案本质上是一样的,即扩大农民在宅基地上的私人性权利,缩小甚至取消国家管制权。达成此种“共识”关键在于他们持有的基本前提相同,就是仅将农村宅基地看作财产对象并忽视宅基地的其他属性,并仅从物权的维度理解宅基地管理。

农村宅基地管理制度改革的另一个焦点问题是农民的宅基地使用权。尽管《物权法》规定宅基地使用权为用益物权,但仅赋予宅基地使用权主体依法享有占有和使用的权利,并规定“宅基地使用权的取得、行使和转让,适用于土地管理法等法律和国家有关规定”。《物权法》没有规定宅基地使用权流转和抵押的内容,说明《物权法》对使用人在宅基地上的“收益权能的本质不认可”。[④]《物权法》只将“宅基地使用权”纳入物权保护范围,却没有扩大其实际权能。这在部分学者看来,其是

---

① 张千帆:《“公共利益”与“合理补偿”的宪法解释》,载《南方周末》2005 年 8 月 11 日。

② 天则经济研究所:《经济学家和法学家就中国土地制度的对话与争鸣》,载《甘肃行政学院学报》2010 年第 2 期。

③ 沈开举认为,当前土地制度中最根本的问题是集体所有与国家所有的两种公有制不平等关系,并从建立两种公有制形式平等关系的角度提出《土地管理法》修改方案。天则经济研究所:《经济学家和法学家就中国土地制度的对话与争鸣》,载《甘肃行政学院学报》2010 年第 2 期。

④ 陈小君、蒋省三:《宅基地使用权制度:规范解析、实践挑战及其立法回应》,载《管理世界》2010 年第 10 期。

为修订《土地管理法》预留空间,是立法者有意为之的,且对下一步法律完善有利。[①] 另一部分学者则认为,与城市建设用地使用权自由流转相比,这是对农民“宅基地使用权”的歧视与侵犯,因此,主张“宅基地流转制度的改革应当置重于宅基地的财产性(用益物权)”。[②] 还有一部分学者认为不允许宅基地自由流转,造成农民的私有房产“退化为事实上的使用权”,从而提出设立宅基地法定租赁权破解法律限制,变相实现宅基地使用权流转。[③] 主张赋予农民宅基地使用权完全用益物权的学者提出的改革建议,主要是针对宅基地管理制度中集体维度对农民私人权利的限制,其出发点依然是宅基地的单一属性和宅基地管理的单一维度。

二、物权平等保护规则与公有制

接着改革征地制度的观点继续讨论。按照“市价”进行征地补偿与农村建设用地直接入市,属于“产权交易”的两种形式,[④]二者从财产权实现结果上看并无差异,两种主张实质都是取消国家对城市建设用地一级供给的垄断。对于此类主张,学者给出的理由是,国有土地与集体土地作为两种“所有权”应该受到公平保护,且由于农村宅基地与城市

---

① 陈耀东:《宅基地使用权立法变革论》,载《安徽大学法律评论》2007 年第 1 辑。

② 高圣平、刘守英:《土地权利制度创新:从〈土地管理法〉修改的角度》,载《经济社会体制比较》2010 年第 3 期。

③ 刘凯湘:《法定租赁权对农村宅基地制度改革意义与构想》,载《法学论坛》2010 年第 1 期。

④ R. 科斯提出产权“交易”的两种合法形式:一种是交易成本比较低时,当事人通过市场完成产权交易;另一种是存在于“当市场交易成本是如此之高以至于难以改变法律已确定的权利安排时”,可通过“法院直接影响着经济行为”,将其作为市场的替代,完成产权交易,并达到“减少进行这种交易的资源耗费”。参见[美]R. 科斯:《社会成本问题》,载[美]R. 科斯、A. 阿尔钦、D. 诺斯等:《财产权利与制度变迁——产权学派与新制度学派译文集》,生活 · 读书 · 新知三联书店 1994 年版,第 24 页。允许宅基地直接入市符合前一种产权“交易”形式,按照“市价”补偿进行征地属于后一种产权“交易”形式。

土地同属于建设用地，因此要做到“同权同价”。[①] 集体土地与国有土地“同权”观点的法理基础是物权平等保护规则。[②]

以物权平等保护规则论证上述主张，存在两方面问题：一是对物权平等规则的误用；二是物权平等规则的适用性问题。

物权法的平等保护规则是指，“物权的主体在法律地位上是平等的，其享有的所有权和其他物权在受到侵害以后，应当受到物权法的平等保护”。[③] 需要明确的是，不同民事主体适用物权平等保护规则，同时须在“相同性质财产”对象的前提下，才能够实现“相同相持的财产适用相同的规则”。[④] 将物权平等保护规则引入对城乡建设用地管理的讨论，不能忽视这一前提条件。农村宅基地尽管在《土地管理法》中被纳入“建设用地”范畴，但包括农村宅基地在内的农村建设用地与城市建设用地的性质原本就不同。“建设用地”属土地用途分类概念，“宅基地使用权”与“建设用地使用权”（按照《物权法》规定，只有国家所有的土地才能设置“建设用地使用权”）属于法律概念，用途属性相同不构成物权平等保护的充分条件。引用物权平等保护规范论证农村集体建设用地与国有建设用地“同地同权”，存在偷换概念之嫌。进一步来看，将原本在《物权法》中具有不同法律性质的两种土地赋予同等权能，恰恰违反物权平等保护规则。

物权平等保护规则只适用于民事主体间的法律关系。将物权平等

---

① 天则经济研究所：《经济学家和法学家就中国土地制度的对话与争鸣》，载《甘肃行政学院学报》2010 年第 2 期；高圣平、刘守英：《土地权利制度创新：从〈土地管理法〉修改的角度》，载《经济社会体制比较》2010 年第 3 期。

② 王权典、陈维君：《立法变革中农民土地权益保障之检讨》，载《西部法学评论》2011 年第 2 期。

③ 王利明：《物权法平等保护原则之探析》，载《法学杂志》2006 年第 3 期。

④ 高富平：《物权法上的平等保护原则及其实现》，载《上海交通大学学报》（哲学社会科学版）2007 年第 5 期。

规则引入对征地制度的讨论，是假设土地征用属于纯粹民事行为，这不符合现实。批评征地制度的学者也同样认识到，征地权源自“自主权力机关及其代表的命令”。[①] 基于国家管制权的征地行为包含了国家政治权力，在我国属于宪法领域的问题，物权平等保护规则不足以否定征地制度的合法性。

在指出物权平等保护理由不充分后，更重要的是说明现有制度区别集体所有的宅基地与城市国有建设用地的合法性基础。农村宅基地与城市建设用地法律属性之不同之所以不构成民法上的“歧视”，原因在于这一差别是由所有制上的差别造成的。物权（财产权）是对物质财富占有支配状态的法律确认，一个社会的物质财富占有形式，在根本上由其所有制形态决定。我国作为社会主义国家，土地首先是受所有制规范，宅基地与城市建设用地的法律属性的差别体现了经济体制中“集体所有”与“国家所有”两种所有制形式的差别，所有制范畴上的差别不能从民法角度理解。在所有制层面上，“国家所有”与“集体所有”不是平等的法律关系，而是整体与部分的政治关系。[②] 国家与集体作为两个政治主体本身就是不平等的。通过土地征收将“集体所有”的土地变为“国家所有”的土地，本质上体现的是公有制两种形式间的关系，其合理性源自社会主义公有制为主体的宪法规定。用物权平等保护规则论证农村宅基地与城市建设用地“同权”，实质是用民事关系替代所有制关系，不具有合法性。

坚持公有制为主体，并不必然否定民事意义上的所有权平等关系。

---

① 程洁：《土地征收征用中的程序失范与重构》，载《法学研究》2006 年第 1 期。

② “国家所有制即全民所有制，是社会主义的高级所有制，集体所有制是社会主义的低级所有制形式，集体所有制要向国家所有制过渡。因此，集体利益、个人利益都要服从国家利益，个人利益要服从集体利益，小集团利益要服从大集体利益。”参见韩松：《论物权平等保护原则与所有权类型化之关系》，载《法商研究》2006 年第 6 期。

例如,国有企业、集体企业与私人企业在市场经济中受到平等保护,此时指的是民法意义上的三种"所有权"间的关系,这与公有制经济形式在国民经济中的主导地位不冲突。在制定《物权法》的过程中,出现过不同所有制经济形式是否应该受到平等保护的争论。对此,要区分"所有制"与"所有权"之不同。我国采用社会主义市场经济形式,任何经济活动既要具有社会主义性质,也要遵循市场经济规律。"所有制"属社会主义范畴,"所有权"在市场经济领域发挥作用。保护公有制经济的主体地位,是社会主义性质的体现,赋予各种经济主体在经济活动中的平等地位,则体现市场经济的公平竞争性。物权平等保护规则构成市场经济运行的法律基础,但不能否定社会主义基本原则。[①] 同理,从物权角度平等保护集体所有土地权利与国有土地权利,不能改变"全民所有"与"劳动群众集体所有"两种公有制形式差异的社会主义性质。

接下来的问题是,社会主义公有制如何决定国有土地与集体所有土地的性质差异。具体到宅基地上就是,为何农村宅基地不能够直接进入城市建设用地市场。问题的答案在于土地的所有制形式会影响社会财富分配。所有制对生产关系的描述,不仅包含财产归属的内涵,而且包含基于生产资料占有所产生的财富分配关系。[②] 赋予国有土地与集体所有土地两种"所有权"不同法律属性的制度设置,是在社会主义按劳分配体制下实现社会财富公平分配的一种手段。严格地讲,由国家垄断的城市建设用地一级供给,不是纯市场行为,它在进行土地资源

① 佟柔指出,"社会主义民法和资本主义民法的区别,主要不在于反映一般商品关系和价值规律的平等、等价的民法方法,而是在于民法规范本身所体现的社会主义公有制性质和反映社会主义的新型商品关系的特征"。佟柔文集编辑委员会编:《佟柔文集——纪念佟柔教授诞辰75周年》,中国政法大学出版社1996年版,第35页。

② 有林指出,所有制"不仅包含生产资料的归属,而且包括生产资料所有制在直接的生产领域、流通领域和分配领域的实现"。参见有林:《略论我国现阶段生产资料的社会主义公有制》,载《马克思主义研究》2011年第10期。

配置的同时,还发挥将土地增值收益转化为公共财政而进行社会财富再分配的功能。反过来看,包括允许农村宅基地直接入市在内的各种实质取消城市建设用地国家垄断供给的改革方案,本质是将城市化带来的土地增值收益变为私人或者部分人享有,这是对社会主义公有制的改变。

三、物权排他规则与公共资源管理

上面所讨论的一些改革观点直接或间接地地触及土地所有权,不可避免地遭遇所有制的限制,为了避开意识形态上的阻力,[①]一部分学者提出进行宅基地使用权改革,[②]尝试在利用层面推动宅基地管理制度改革。做实宅基地使用权除了会严重削弱国家管制权并冲击公有制以外,还会对宅基地的集体所有权造成影响。

从资源管理的角度来看,集体成员在占有使用集体所有的宅基地时,相互间存在非排他的竞争性。任何一个集体组织的宅基地总量都相对有限,这种资源稀缺性产生出行为上的竞争性,而集体所有形式对内又不具有排他性。集体内部的这种非排他竞争性关系意味着,某个村民占有和使用宅基地的行为会直接或间接地影响其他成员,这就带来了行为的外部性。这种外部性源于宅基地集体所有的产权设置。若是从使用权层面进行物权化改革,让宅基地使用权变成个体农民的“直接支配一定之物,而享受利益之排他性的权利”,[③]那么这种用益物权所包含的绝对性与排他性,就与所有权层面的共有产权关系相抵牾。某

---

① 张千帆等提出,当前推动土地管理制度改革应该避开意识形态限制,可以采取虚化所有权,做实使用权的改革路径。参见天则经济研究所:《经济学家和法学家就中国土地制度的对话与争鸣》,载《甘肃行政学院学报》2010 年第 2 期。

② 柳经纬:《我国土地权利制度的变迁与现状——以土地资源的配置和土地财产的分配为视角》,载《海峡法学》2010 年第 3 期。

③ 史尚宽:《物权法论》,中国政法大学出版社 2000 年版,第 7 页。

一物品唯有被设定排他性私有产权后，才具有流通性。[①] 提出做实宅基地使用权的改革建议，让农民私人享有的宅基地使用权变成一种排他性"产权"，最终目的是为放开宅基地流转铺路。依照产权经济学的观点来看，物权即"一束权利"，[②]宅基地使用权物权化改革的本质是，通过扩大农户使用权的"权利束"而抽空集体所有权"权利束"。

做实宅基地使用权的限度在于，在集体所有的宅基地上设置他物权，确定宅基地使用权的用益物权性质，须以不改变宅基地所有权为前提。不少学者都认识到宅基地集体所有权的不可分割性。王利明认为土地集体所有权为"特殊共同共有形式"，其特殊性在于"集体成员不能对集体财产擅自转让、分割，否则就是等同于个人所有"；[③]温世扬等则认为集体所有属于"总有"形式，即"总有成员对总有财产的应有份并不具体划分，永远属于潜在份，不得要求分割、继承或转让"。[④] 如果允许宅基地对集体外流转，会造成"宅基地就不再与农村集体的成员权联系在一起"，[⑤]后果是改变集体所有的性质。

宅基地使用权物权化改革还会影响到资源的利用效率。除集体所有形式带来产权意义上的外部性外，宅基地的物质属性也造成宅基地使用的外部性。农民向集体申请宅基地的目的是建房居住，建房是宅基地使用权的实现。农村宅基地划分一般在村落居民点内部和周围，在集聚的居民点建房，一般会形成邻里关系，并影响整体居民点格局。

---

① 参见[美]哈罗德·德姆塞茨：《所有权、控制与企业：论经济活动的组织》，段毅才译，经济科学出版社1999年版。

② "权利束既是一个'总量'概念，即产权是由许多权利（或权能）构成的，如产权的排他性、收益性、可让渡性、可分割性等；也是一个'结构'概念，即不同权利束的排列与组合决定产权的性质及结构。"参见卢现祥主编：《新制度经济学》，武汉大学出版社2011年版，第64页。

③ 王利明：《物权法论》，中国政法大学出版社2003年版，第288页。

④ 温世扬、廖焕国：《物权法通论》，人民法院出版社2005年版，第308页。

⑤ 王利明：《物权法论》，中国政法大学出版社2003年版，第475页。

这种居住结构造成农民在宅基地使用过程中,会发生相互影响,由此产生另一种外部性。例如,村民建房格式会影响左邻右舍的通风采光排水和出路。宅基地使用过程带来的外部性包括正外部性与负外部性两类。例如,农户合理地进行房屋建设会形成整体良好的村庄格局,带来全村居民生活的方便,这就形成了正外部性,而如果农户乱搭乱建,相互间造成消极影响,就会造成负外部性。

为了消除负外部性并增加正外部性,就需要通过村庄建设规划以引导村庄建设向合理方向发展。在传统时期,主要是靠习俗、"风水"一类民间惯习发挥引导作用。例如,农民约定俗成地遵守前排建房不能压过(高于)后排以及左右平齐的习惯。我们在山东调查发现,当地农民十分忌讳占用道路建房,认为道路对着房屋,如同"穿心箭",会带来家庭不吉。按照赣西某些农村的规矩,农户建房时一般不能修院墙,这一行为因象征着对其他人不信任而遭受非议。这类民间规范在各地差异较大,但都具有相似功能。在当前阶段,除传统习俗在很多农村依然发挥作用外,主要是通过农村集体组织引导和控制农民建房行为。《城乡规划法》规定,"发挥村民自治组织的作用,引导村民合理进行建设,改善农村生产、生活条件",将集体组织作为落实乡村规划实施的重要一环。在划分宅基地时,集体组织要考虑到整体村庄格局,当农户建房发生纠纷时,集体组织要进行调解。

这表明,集体土地的公有制形式还包含公共资源管理功能。集体组织基于集体所有权并通过村民自治机制对农户宅基地使用权进行干预,能够最大化地消除负外部性,增加正外部性,提高宅基地资源利用效用。若赋予农民排除集体管理的权利,就有可能造成村庄建设丧失控制,引起所谓的"反公地悲剧"。针对公共资源管理无效而陷入枯竭的"公地悲剧"现象,美国经济学家赫勒发现社会中普遍存在"反公地悲剧"现象,即私有产权的排他性造成公共利益不能实现,与"公地悲剧"

中产权非排他性造成公共资源不能保护相区别。[①] “反公地悲剧”可比作为，一座门上有很多把锁，钥匙为不同人掌握，谈判成本高昂造成集体行动不能达成，最终这座门不能被打开，使所有人不能通过。农民使用宅基地不仅满足个人建房目的，而且要照顾周围邻居利益并促成村庄整体良好格局，合理利用宅基地资源要达成这两方面目的。排他性的宅基地使用权，有可能致使村民自治无法发挥作用，不利于后一方面目的的实现，其最终结果是，每个村民因生活在布局不合理的村庄中而降低居住福利。以上分析表明，宅基地使用权物权化会弱化宅基地的集体所有权，可能会破坏农村既有的公共资源治理机制，最终陷入私有产权与公共利益冲突的困局。

物权法一般设定相邻权（或地役权）来解决不动产的外部性困扰。在产权经济学学者看来，当产权界定成本高于产权收益时，主体就会放弃这种“不经济”的产权而任由外部性存在。[②] 外部性与产权属孪生关系，或者说由于产权界定成本永远存在就使现实社会不可能达到完全消除外部性的理想状态。在我国人地高度紧张，村庄内的居住密度普遍很高的情况下，采取进一步设定产权的思路来解决宅基地使用过程中的外部性问题，必然会遭遇产权界定成本过高而使这种解决方式无效的问题，于是就产生出现实中的“反公地悲剧”。与物权化的思维不同，从公共治理角度寻求解决问题的方案时，会发现只要充分发挥宅基地管理的集体维度，就能够弱化宅基地使用权排他性所产生的外部性影响。与通过法律上“相邻关系”来解决问题的方式相比，结合

① ［美］迈克尔·赫勒：《困局经济学》，闾佳译，机械工业出版社 2009 年版，第 1 ~ 2 页。

② 阿尔钦的研究表明，由于转让、获取和保护产权的交易成本必然存在，使任何产权永远都不能被完整界定，当所有者发现产权收益不能够弥补其成本时，就会将这种权利放在公共领域，使产权的排他性丧失，公共领域中的行为具有外部性。参见［美］Y. 阿尔钦：《产权的经济分析》，费方域等译，上海三联书店 1997 年版，第 2 ~ 5 页。

村民自治和当地风俗习惯的自主协商治理方式，因其交易成本低而十分有效。

四、“宪法原则”与《物权法》的适用限度

不同法律在经济社会生活中各司其职，才有利于建立良好的社会秩序。农村宅基地管理也是如此，良好的农村宅基地管理秩序建立在国家管制权、集体所有权和农民使用权三个维度共同发挥作用的基础上。总体上看，当前几乎大部分学者都是对既有的宅基地管理制度持批评态度，较少有人深入研究现有宅基地管理制度的结构及其合理性。造成这一现实的原因是，批评者多是从某单一角度理解宅基地，忽视了宅基地的复杂性以及宅基地管理的多维性。总结当前主导性的批评观点可以发现，几乎所有的批评者都只将宅基地看作一种可以为私人占有的财产，由此提出的改革建议都强调扩大宅基地管理中的农民私人权利之维，并缩小甚至取消国家管制权和集体所有权。物权法是保护私人财产权利的最重要法律，它也因此成为这些批评者的批评工具。

按照物权规则重构宅基地管理制度，存在诸多法理和现实上的困境。物权法不能“包打天下”的第一个原因是，土地在我国首先是所有制规范的对象，土地不是一般的物质财产，它不能为私人所有，土地作为最重要的生产资料属于社会主义公有。作为同样能够规范经济社会生活的两种制度，物权法处理的是民法所有权问题，宪法处理的是基本经济制度意义上的所有制问题。民法物权法的发展为我国市场经济发展开辟制度空间，但这并不意味着民法所有权制度可以脱离我国社会主义公有制的前提。对于二者的关系问题，在发展社会主义市场经济过程中我国老一辈法学家早已经深刻地讨论过，如佟柔先生指出“民法

的所有权制度是直接反映所有制关系的”。[①] 对于物权与所有制的关系，王利明指出，“物权制度是一定社会所有制关系在法律上的反映，与其他法律制度相比，物权制度最直接地反映了社会基本经济制度，且是直接为特定社会关系的所有制服务的”。[②] 基于这种认识，在物权法制定过程中，王利明批评一些学者基于物权平等保护规则提出“放弃传统理论和立法中以生产资料所有制划分所有权类别”的建议，他认为“公有制占主导地位的性质决定了廓清国家所有权、集体所有权的具体权利归属乃是我国物权立法重大的课题”，并指出“在物权法中，必须对各种不同的所有制类型作出确认”。[③] 我国颁布实施的《物权法》体现了这种基于所有制出发的立法理念。《物权法》既平等地保护土地上的国家所有权与集体所有权，也通过分别规定建设用地使用权与农村宅基地使用权，赋予二者不同法律性质以体现公有制两种形式的差别。

由于所有制是宪法规定的内容，因此物权制度与所有制的关系本质反映了物权法与宪法的关系。王泽鉴认为，尽管“‘宪法’非属私法的法源”，但是私法要“以‘宪法’为最高规范”，因此“‘宪法’非系‘私法中立’，私法亦非‘宪法中立’”。[④] 基于私法非“宪法中立”的观点，他在《民法物权》一书中专辟“物权法与宪法”一节，讨论二者关系。王泽鉴认为中国《物权法》的颁布实施是“在公有制的体制上建立了一个新的物权法秩序”，而“一个国家的物权法及其法律秩序，因其是否或在何种程度上承认私有财产制度而有不同”。[⑤] 当前很多学者在讨论物权法与

① 佟柔文集编辑委员会编：《佟柔文集——纪念佟柔教授诞辰 75 周年》，中国政法大学出版社 1996 年版，第 38 页。

② 王利明：《物权法论》，中国政法大学出版社 2003 年版，第 80 页。

③ 王利明：《物权法立法的若干问题探析》，载《中华人民共和国物权法——立法进程资料汇编》，中国政法大学出版社 2010 年版。

④ 王泽鉴：《民法概要》，北京大学出版社 2009 年版，第 5 ~ 22 页以下。

⑤ 王泽鉴：《民法物权》，北京大学出版社 2009 年版，第 12 页。

宅基地管理制度改革关系的问题时，忽视我国社会主义公有制的大前提，他们在参照西方国家的土地管理制度提出中国土地管理的改革方案时，避而不谈西方国家包括东亚的日本、韩国和我国台湾地区的土地立法都是建立在私有制这一“宪法”前提下，陷入了“宪法中立”的思维误区。

陷入上述误区的学者将“社会主义”当作意识形态话语看待，认为物权制度能够超越所有制存在。持此种观点的学者，很难深刻认识到《土地管理法》第1条中“维护土地的社会主义公有制”、《物权法》第1条中“维护国家基本经济制度”及第3条中“坚持公有制为主体”等相关条款规定的真实内涵。许崇德先生指出，“中华人民共和国的经济制度是以生产资料公有制为核心的社会主义经济制度。它是全部政权体系和法律体系赖以建立的基础，从而是国家的一项极其重要的根本制度”。[①] 既然“任何社会的物权制度，都是人与人之间社会关系的反映，都不过是一定历史时期所有制关系的法律表现”，[②]那么当前借助《物权法》进行宅基地管理制度改革创新，也就不能违背《宪法》相关条规的规定。现行《宪法》第10条是从土地方面对前第6条“生产资料的社会主义公有制”规定的落实。“生产资料的社会主义公有制”是超越我国的具体法律，甚至新中国历部宪法的基本“宪法原则”。正如许崇德先生指出的，中国的宪法不是少数宪法制定者苦思冥想的产物，“它是中国人民斗争的产物，是历史经验的总结，也是客观现实的真实反映”。[③] 中国宪法所根源的现实就是中国的社会革命。土地作为基本生产资料实施社会主义公有制，是通过新民主主义革命和社会主义改造逐步消灭

① 许崇德：《宪法规范与社会实际》，载《许崇德自选集》，学习出版社2007年版，第89页。
② 王利明：《物权法论》，中国政法大学出版社2003年版，第80页。
③ 许崇德：《宪法规范与社会实际》，载《许崇德自选集》，学习出版社2007年版，第78页。

土地私有制建立起来的。1954年制定新中国第一部宪法提出对生产资料私有制实施社会主义改造的目标，之后的合作化运动开始将社员的私有土地转化为集体所有，1962年通过的《农村人民公社工作条例修正草案》规定“生产大队的集体所有制为基础的三级集体所有制，是现阶段人民公社的根本制度”，1975年与1978年两部《宪法》都规定“中华人民共和国的生产资料所有制现阶段主要有两种：社会主义全民所有制和社会主义劳动群众集体所有制”，上述这些连同现行宪法相关规定，都是对“生产资料的社会主义公有制”这一“宪法原则”的体现与落实。改革开放总设计师邓小平同志于1979年提出“四项基本原则”的改革底线，其中第一项就是“必须坚持社会主义道路”。当前进行包括宅基地在内的土地制度改革，也需要坚持这一底线。

当然，坚持“社会主义公有制”的底线原则，并不排除改革和完善土地管理制度的现实需求。例如，在经过城市土地有偿使用局部先行试点之后，1987年在全国范围内实施国有土地使用权出让制度，并在1988年修订宪法时增加“土地的使用权可以依照法律的规定转让”的条款。这一制度改革是对通过行政划拨方式配置土地资源的传统方式与市场经济发展不适应性的调整。对于社会主义公有制下的土地使用权出让制度，佟柔先生指出，“（土地）可以使用、有偿转让，这只是利用经济杠杆来促使土地占有者充分发挥它的效益”。[①] 由于土地使用权转让要遵照《土地管理法》第47条的规定，这就使国家垄断土地一级供给，并将附着在土地上的社会财富转化为公共财政而实现土地的公有属性。国有土地使用权转让制度没有突破上述宪法原则。

《物权法》出台对于完善宅基地管理制度具有重大意义，将宅基地

---

① 佟柔文集编辑委员会编：《佟柔文集——纪念佟柔教授诞辰75周年》，中国政法大学出版社1996年版，第138页。

使用权列入“用益物权”保护范畴，有利于强化宅基地管理中的私人权利维度。但这并不意味着可以随意扩大对宅基地使用权的解释，赋予该项权利原本不存在的权能而与集体所有权与社会主义公有制相冲突。总而言之，运用《物权法》改革完善宅基地管理制度的目标不是“实行全盘的私有化”，“而应在以公有制为主导的前提下实现财产权关系的明晰化，通过对财产权制度的改革，使公有制与市场经济形成和谐的结合”。[①] 唯有明确《物权法》的性质并确定其限度，才能够使其在宅基地管理制度改革中获得合法地位，也才能够让社会主义法制建设得以顺利推进。

第四节　城镇化背景下的宅基地制度完善

区分两类农村，是设计农村宅基地管理制度的关键。宅基地增值是城市化的结果，中国城市化规模上限与城市平面扩张规律决定，只有占总量5%的“城郊村”的宅基地有机会转化为城市建设用地，这部分宅基地才具有高于农地价格的市场价值。基于财产属性作出的宅基地管理制度改革建议，只对这部分农村有效。另外95%远离城市的农村宅基地，在市场价值上更接近农地，但其使用价值方面的意义十分重大。合理的土地管理制度不仅带来高效的城镇建设中的土地资源供给，而且发挥了降低城市化过程风险的“稳定器”功能。这95%的农村宅基地构成农民进城万一失败时的“退路”。农村宅基地管理制度设置，要与中国城镇化特点相结合。中国加工制造业主导的产业结构决

① 王利明：《物权法立法的若干问题探析》，载高志新编：《中华人民共和国物权法——立法进程资料汇编》，中国政法大学出版社2010年版，第68页。

定了农民工较低的劳动生产率及其工资水平,受此硬约束,当前阶段只有较少一部分农民能够举家定居城市。总体上形成青壮年在城市务工和老人儿童留守农村,这一中国特色城镇化格局。对于绝大部分没有能力一次性完成城镇化的农民而言,农村宅基地构成其基本生存保障。

与中国城镇化的结构性特征相匹配的是,个体往复式的城镇化方式。每个农民在一定的人生时期内(20 岁至 45 岁)会努力进入城市,幸运者积累收入并在城市定居,实现身份转换,不顺利者最终返回农村。个体农民持续奋斗及其在城乡间往复的特征,积累形成中国城镇化的整体样态。现有的宅基地管理制度在满足居住方面,与往返式城镇化格局匹配,搭建了一个农民“出的去、回的来”的城乡关系平台。既为个体融入城市开放机会,也为整体城镇化顺利推进建立稳定基础。在当前农民融入城市已经基本不存在制度障碍(实际存在的是中国客观经济发展水平造成的收入障碍)的情况下,为农民提供“回得来”(而不至于被迫落入城市贫民窟)的机会,这种选择上的自由对于个体而言是基本人权的体现,对于整体来说是促进中国现代化发展的制度红利。鼓励农民通过流转宅基地积累进城资金的做法,实际上是打破往复进城模式,既提高了个体的城镇化风险,也提高了整体社会风险。农民的往复进城模式,必然造成农村部分宅基地和房屋的“季节性闲置”,可以将其看作现有宅基地管理制度降低城镇化风险时,必须付出的制度成本。

从这个意义上来看,物权法在农村宅基地管理中的限度,亦与中国城市化模式相关。出台《物权法》有利于增强对农村宅基地集体所有权和农民使用宅基地权利的保护,却不能替代宅基地管理的“三维”结构。站在当前中国城市化现实而非抽象理念的角度上看,“三维”结构具有极大的合理性,未来改革仅需对其调整和完善,无须全盘重建。

在国家管制权层面,社会主义公有制赋予国家(政府)垄断土地增值收益的权力,通过将其转化为“公共财政”实现社会财富公平分配。

相较于允许农村宅基地入市，进而造成5%的农民独享城市化成果的做法，这样的制度设置更加合理。当前存在的与管制权相关的问题包括两方面，首先是“土地财政”造成地方政府积极扩大征地规模，引发土地资源不合理利用和城市不合理扩展；其次是当前绝大部分“土地财政”投入城市建设，较少投入农村，造成公共资源城乡分配不公平。[①] 前一个问题与分税制后的中央与地方的整体财政结构有关，让地方政府摆脱“土地财政”依赖症的关键是进行财政体制改革；后一个问题与政府财政预算方式和现有政府考核体制有关，将农村发展纳入考核范围，提高地方政府增加对农村公共资源投资的积极性是解决问题的关键。这两个问题，都不是改革宅基地管理制度所能够解决的，因此，它们不构成否定国家管制权的理由。

在集体所有权层面，需要区分三方面问题：一是“小产权房”问题。“小产权房”所反映出的宅基地市场价值是由其城郊位置带来的。其区位特殊性恰恰说明，一般地区农村宅基地不具有与城市建设用地相同的市场价值，而非相反。二是当前农村存在“一户多宅”等宅基地利用效率方面的问题。其根本原因是集体组织没有严格执行宅基地管理政策。对此，改革的方向是强化集体维度与村民自治，提高集体组织的公共治理能力。三是宅基地退出机制与村庄建设问题，如“空心村”现象。随着一部分农民逐渐脱离农村，会形成村庄内部废弃宅基地“插花”格局，既影响宅基地复垦，也影响村庄建设。正确的解决方式，不是“一刀切”地进行“撤村并居”等形式的村庄重建，而是结合当期农民建房需

① 贺雪峰提出对“土地财政”的另外一种理解，他认为，由于存在“土地财政”，中央财政无须承担地方建设支出，因此使中央政府有能力通过中央财政支农，直接地看绝大部分土地增值收益被地方政府用于城市建设，间接地看地方“土地财政”构成中央财产投入“三农”的基础，农民变相地分享土地增值收益成果。参见贺雪峰：《地权的逻辑Ⅱ——地权变革的真相与谬误》，东方出版社2013年版，第94页。

求,引导农民在经过科学规划的居民点上新建翻建房屋,逐渐实现废弃宅基集中并复垦为耕地。物权化的宅基地使用权,会固化废弃宅基地“插花”格局,造成资源浪费,也影响新农村建设。

在宅基地使用权层面,《物权法》使农民基本生存资料进一步获得法律保障,有利于防止地方政府和基层干部干预和损害农民使用宅基地的合法权益。《物权法》确认农民取得宅基地的合法程序,重申一户一宅原则和集体成员权资格,有利于宅基地管理。基于宅基地管理制度的整体结构,合理设定物权法,既有利于提高宅基地资源配置效率,也有利于强化宅基地之于农民的社会保障性,使之构成宅基地有效管理的必要组成部分。

总体而言,在中国城市化任务艰巨且前景不十分清晰的情况下,在宅基地管理制度改革上持渐进态度,具有现实合理性。我国土地管理制度是通过长期实践经验总结,并参照其他国家和地区经验逐步形成的。从现实需求而非抽象理念出发,通过局部经验积累而汇聚成整体制度框架,逐步形成当前总体有效的“三维”结构模式。下一步的宅基地管理制度改革,需继续坚持这种“摸着石头过河”的实用精神。

第四章 “城市土地国家所有”的宪法解释

将土地权属区分为国家所有与集体所有并与城市和农村两类主体结合，构成了我国独具特色的城乡土地二元制度。在实践中，城市建设带来大量农村集体所有土地必须通过征收向国有土地转化，引发学界关于宪法中“城市的土地属于国家所有”等规定的讨论。我国正处于城镇化加速推进阶段，城市边界不断扩张，“城市土地”外延处于动态变化形态，这注定了国家关于城市土地的“所有权”与客体特定的民法所有权不能简单等同。与自然资源国家所有引发的争议相似，关于土地制度的争议也直指我国宪法中“国家所有”性质这一根本问题。《宪法》第 10 条规定了我国土地制度的基本架构，无论是支持还是反对现行制度，都必须在宪法层面作出说明。本章拟提出关于“国家所有”的一种理论解释，依此重新理解宪法相关条款，并结合我国城镇化现实，对相关土地制度设置的合法性与合理性进行辨析。

第一节 “国家所有”的剩余控制权说

一、“国家所有”的解释进路

“国家所有”出现在《宪法》第9条和第10条,分别是对自然资源和土地权属的规定。土地也属于自然资源的一种,既有的研究通常不对二者作区分讨论。经过学者的相互对话与共同努力,近年来关于“国家所有”的研究,已经逐步突破国家所有权属于私权还是公权,抑或特殊私权还是公私混合等一类抽象定性做法,[①]开始从因概念界定不同而引发的辩论,走向关于“国家所有”制度内涵的实质分析。由于“所有”通常被先见地理解为民法物权概念,围绕《宪法》第9条和第10条展开的讨论,核心命题是“国家所有”能否按照一般民法所有权解释。由此产生关于宪法“国家所有”的两种解释思路,第一种是将“国家所有”解释为“权利确认规范”;第二种是将“国家所有”解释为“权利界定规范”。

先看第一种解释思路。所谓“权利确认规范”是指为了促进权利保护和维持社会秩序,通过制定法律规范将已经清楚存在的权利进行法律确认。在财产权方面,“权利确认规范”最典型的代表是以“定分止争”为基本纲要的物权法。从“权利确认规范”角度解释《宪法》中的“国家所有”条款,包含两个前提假设:一是将自然资源或者土地上的权利看作在不同主体之间已经清晰划定无疑而不发生争议;二是将“国

① 马俊驹:《国家所有权的基本理论和立法结构探讨》,载《中国法学》2011年第4期。

家”看作公法人一类可以拥有民事所有权的权利主体。[①] 在这两个假设下,《宪法》中的“国家所有”与民法物权上“国家所有权”性质相同,二者的差别在于宪法“抽象”与民法物权法“具体”之外观差异上。[②]

建构《宪法》中“国家所有”属于民法所有权的目标在于,为“国家”这一政治庞然大物套上民法的“制度笼子”,防止国家借行使所有权之名义肆意扩张公权力。[③] 持“权利确认规范”解释进路的学者,先见地将宪法中的“国家所有”理解为民法私权,便自然而然地将所有权平等保护的物权原则运用于对相关制度的检讨。在对四川农民从河道发现乌木被政府以“国有财产”收走案例与黑龙江省出台《黑龙江省气候资源探测和保护条例》规定风能、太阳能等气候资源归“国家所有”做法的讨论中,焦点是“国家所有”的地位是否高于其他类型所有权。如果承认“自然资源所有制度与民法物权制度并无不同,民法有关物权制度的理论在自然资源所有的研究中也完全适用”,[④]则与私人或者集体经济组织处于平等私权地位的“国家”便不具备获取自然资源所有权的优先地位。

但是,如同不少研究已经指出的,支撑“权利确认规范”的上述两个前提假设并不成立。首先,《宪法》第 9 条列举的“矿藏、水流、森林、山岭、草原、荒地、滩涂”等自然资源很多本身“处于特定性不明的‘盖然状

---

① 孙宪忠认为,“国家所有权与全民所有权不可能同义,抽象的‘国家’无法成为民法上具体‘物’的所有权主体”,为避免法律混乱,应采用“符合民法科学原理的公法法人所有权理论”。参见孙宪忠:《统一唯一国家所有权理论的悖谬及改革切入点分析》,载《法律科学》2013 年第 3 期。

② 崔建远:《自然资源国家所有的定位及完善》,载《法学研究》2013 年第 4 期。

③ 崔建远认为,“我国现行法不适当地扩张了自然资源国家所有权的范围,把不该归国家所有的自然资源规定为国家所有了”。参见崔建远:《自然资源国家所有的定位及完善》,载《法学研究》2013 年第 4 期。

④ 单平基、彭诚信:《“国家所有权”研究的民法学争点》,载《交大法学》2015 年第 2 期。

态’,未被控制且变动不居,单一性、独立性、价值大小难以判断”,[①]既然连客体自身都不能确定,则很难言明在这些对象上存在清晰划分无疑的权利。其次,尽管“国家可以以国有财产为基础,以民事主体的身份从事某些交易活动”,[②]但是作为全体人民意义上的抽象国家不同于作为民事主体的国家“公法人”,《宪法》规定“国家所有”即“全民所有”,强调的是前者而非后者。引入公法人理论,将“国家作为政权的主体和作为财产权的主体”的两重身份分开,[③]主要是为了适应社会主义市场经济发展,为社会主义公有财产进入市场配置打开通道。在自然资源和土地方面,并不允许二者作为普通商品参与市场交易,说明作为“国家”无须以民事主体身份掌握自然资源和土地。

为避免“所有权”概念不清带来的研究障碍,[④]可借用制度经济学的产权概念来理解“国家所有”的实质制度功能。当国家以民事主体身份参与市场活动时,其拥有的公有财产所有权成为与私人所有权性质相同的私有产权。[⑤] 制度经济学通常将“排他性”与“可交易性”看作私有产权的两个基本属性,[⑥]自然资源和土地都不满足。仅就土地而言,属于“全民所有”的土地只具备主权意义上的对外排他性,对内不具备建

---

① 巩固:《自然资源国家所有权公权说》,载《法学研究》2013 年第 4 期。

② 王利明:《论国家作为民事主体》,载《法学研究》1991 年第 1 期。

③ 王利明:《论国家作为民事主体》,载《法学研究》1991 年第 1 期。

④ 巩固认为,“所有权从来就不只是一个法律概念,在法律上也并必然是纯粹的私法概念”。参见巩固:《自然资源国家所有权公权说》,载《法学研究》2013 年第 4 期。

⑤ 高富平认为国家所有控制的财产可以分为两类。“一类是为了公共利用和为了公共利用而存在的财物”,“第二类是国家所有专有的财产”,前一类不能参与市场交易,国家行使管理职能,后一类国家可使用民法规范以所有者身份自主处分,属于与私人所有的财产同一性质的“私有财产权利”。参见高富平:《物权法专论》,北京大学出版社 2007 年版,第 281 ~ 282 页。

⑥ 德姆塞茨指出:“产权是社会的工具,其意义来自这样一个事实:在一个人与他人做交易时,产权有助于他形成那些他可以合理持有的预期。这些预期通过社会的法律、习惯和规范表现出来。”[美]哈德罗 · 德姆塞茨著:《关于产权的理论》,载《经济社会体制比较》1990 年第 6 期。

立为特定主体所占有的排他性权利；其次，我国土地所有权不允许转让，否定土地本身直接作为商品用于交易。2015 年开始实施的《不动产登记暂行条例》未将国有土地所有权纳入登记对象，道理在此。可见，除非是要在自然资源与土地上建立私有制度，否则关于自然资源和土地的“国家所有”既无成为私有产权的可能，也无成为私有产权之必要。

实际上，按照“确定权利规范”解释“国家所有”的学者，通常也注意到宪法中的“国家所有”在主体、客体和权利内容等方面与一般民法所有权的不同。但是，基于对“所有权”概念统一的坚持，他们宁愿将“国家所有”处理为一种特殊的民法所有权，①而不愿意从其与民法所有权所存在的显著差异性出发来寻求关于“国家所有”的重新理解。另外，有一部分学者，不是将《宪法》中的“国家所有”与民法上国家所有权处理为“特殊形态”与“典型形态”的形式差别，②而是将这些差别看作本质性的，形成解释《宪法》中“国家所有”的第二种解释思路——将包含“国家所有”的宪法第 9 条第 1 款和第 10 条第 1、2 款解释为“权利界定规范”。

民法所有权具有主体确定、客体确定和权利内容确定三个元素。③在三个“确定”的前提下，“权利确认规范”不必再解决特定主体与特定客体的内部关系问题，其主要功能是划定权利主体相对于公权力机构或私人第三方的关系，由此产生物权的排他性和对世性。按照法律人类学的研究，成文的民法物权制度只是关于财产“权利确认规范”的一种形式，在社会领域中还能够通过习俗、地方性规范等实施权利确认保

---

① 王涌：《自然资源国家所有权三层结构说》，载《法学研究》2013 年第 4 期。

② 崔建远：《自然资源国家所有的定位及完善》，载《法学研究》2013 年第 4 期。

③ 孙宪忠：《统一唯一国家所有权理论的悖谬及改革切入点分析》，载《法律科学》2013 年第 3 期。

护，建立起“无须法律的秩序”。[①] 也就是说，“权利确认规范”主要是保护人与人之间已经存在的权利状态，制定权利侵害制裁规则，防止因权利纷争而扰乱社会秩序。多数已有的研究都注意到，主体确定、客体确定和权利内容确定的三元素在自然资源方面皆不存在，这意味“权利确认规范”无法适用对自然资源“国家所有”的解释。[②] 在主体不明、客体不定和权利内容不清的情况下，自然资源“国家所有”作为一项法律规范，需要解决的首要问题是界定主体、确定客体和明确权利内容，其本质是建立特定主体与特定客体的特定内部关系，在此之后才能产生相对于第三方的权利保护问题。笔者将资源物从主体不明、客体不定和权利内容不清的状态，走向主体、权利和权利内容都确定的状态，称作“权利界定”过程。“权利界定”的本质是权利从“无”走向“有”，以民法物权法为代表的“权利确认规范”以权利“有”为前提。

从“权利界定”角度切入对《宪法》第 9 条第 1 款和第 10 条第 1、2 款解释，是将自然资源国家所有权理解为“权利界定规范”。这一解释思路的起点是，承认《宪法》规定的自然资源在私权层面属于“无主”状态，《宪法》第 9 条的目标是建立一套资源配置和利用秩序。作为《宪法》第 9 条核心的“国家所有”的根本价值不在于确定“国家”以民事主体身份来直接占有自然资源，而是赋予“国家对资源利用的‘积极干预权’，即对资源由谁利用、如何利用、收益如何分配等重大事项的最终决定权”。[③] 在此意义上，国家是创造出关于自然资源特定权利秩序的主体，关于自然资源的民法所有权是秩序结果，而“国家所有”作为形成秩

---

① 〔美〕罗伯特·C. 埃里克森：《无需法律的秩序》，苏力译，中国政法大学出版社 2003 年版。

② 巩固：《自然资源国家所有权公权说》，载《法学研究》2013 年第 4 期。

③ 巩固：《自然资源国家所有权公权再说》，载《法学研究》2015 年第 2 期。

序的前提不仅“不等于秩序本身”，而且超越秩序。[①] 在规定基本政治经济社会制度的宪法总纲中列入“国家所有”，显然不是确认国家所有的民事性质，而是赋予其“界定权利”和创造秩序的合法性，目标是构建“防止私人或行政垄断”并“确保社会成员持续性共享自然资源”秩序，是基于人民主权产生的“国家责任”。[②]

一方面，“权利界定规范”即创造秩序的规则，其合法性基础是按照公平合理这一正义标准履行管理自然资源的宪法义务，而非意思自治和不同主体所有权平等保护等物权原则。基于此，才产生《宪法》中“国家所有”相对于私人所有权的优先地位。[③] 另一方面，基于自然资源自身属性、技术条件约束或者经济目标考虑，可建立关于自然资源的不同类型利用秩序，比较典型的是通过国家权力机关立法创造关于特定自然资源的(准)物权制度，[④]授予私人在自然资源物上的排他性的支配权。在逻辑上，完成这一步之后，才可能通过立法制定针对具体对象的“权利确认规范”。从《宪法》“国家所有”走向排他性的私有产权的过程中，“国家所有”表现为针对自然资源的“立法权”“管理权”“规制权”“收益分配权”等公权形态。[⑤] 唯有将作为资源自然利用秩序的“权利界定规范”，与作为自然资源利用秩序结果的“权利确认规范”区别开，才能够拨开“国家所有”是公权还是私权的迷雾，也才更容易理解自然

---

① 巩固:《自然资源国家所有权公权说》，载《法学研究》2013 年第 4 期。

② 王旭:《论自然资源国家所有权的宪法规制功能》，载《中国法学》2013 年第 6 期。

③ 尹田认为，“在国家所有权与私人所有的关系上，两者并不能具有完全平等地位。这是因为，国家所有权是社会公共利益或者国家利益的载体，此种利益当然高于私人利益。”参见尹田:《物权主体论纲》，载《现代法学》2006 年第 2 期。

④ 崔建远:《再论界定准物权课题的思维模式及方法》，载《法学研究》2011 年第 5 期。

⑤ 参见《法学研究》杂志 2013 年第 4 期刊登的关于“自然资源国家所有权专题研究”一组文章。

资源国家所有权中的不同层级结构。①

二、作为剩余控制权的“国家所有”

包括民法物权法在内的既有财产权制度无法覆盖社会财产全域，是民法学界的常识与共识，但持“权利确认规范”解释思路的学者在讨论具体问题时通常忽视这一点。实际上，法律相对于社会具有不完备性，即，将所有的成文与不成文的财产制度规范综合在一起，也无法涵盖社会财产秩序的所有方面与所有可能性。法律不能完备有两方面原因：一是法律制度自身性质使然。“社会太复杂，可能远非文字表达的立法所能驾驭，也因为由凡人组成的议会只有相当有限的预见力，不能在立法的时候确切地预知将来将要发生什么，这样，许多法律只能表达一个笼统的精神”。② 二是财产对象自身的复杂属性及其变动不居。这一点在自然资源方面表现得尤其明显。制度经济学认为产权受到技术、人口压力和要素相对价格等原因影响会发生变化，技术条件变化可以将之前无法控制的自然资源变得可控，也会因为人口压力造成资源稀缺并引发竞争，还因为某种资源相对价格上升而激发人们去创造产权。③ 20 世纪自然资源立法在全世界呈普遍趋势，一方面是科学技术水平大幅度提升，增强人类对自然的控制力；另一方面是人口剧增带来资源环境压力，造成资源稀缺程度提高，在此背景下，建立关于自然资源的排他利用秩序，既合理也可行。例如，在前工业时代，在气候资源上很难建立排他性的私权体系，当前不仅风力发电技术让风能开发变得可能，而且空气污染已经打破合理利用自然资源的限度，国家根据实际

---

① 王涌认为自然资源国家所有权包括“私权权能、公权权能与宪法义务”三层结构。参见王涌：《自然资源国家所有权三层结构说》，载《法学研究》2013 年第 4 期。

② 张千帆：《行政自由裁量权的法律控制》，载《法律科学》2007 年第 3 期。

③ 卢现祥主编：《新制度经济学》，武汉大学出版社 2011 年版，第 70～71 页。

情况创设关于气候资源的法律规范变得必要。

“法律不完备”是受到制度经济学中“合同不完备”观点启发提出的，[①]作为规范双方关系的简单合同姑且由于信息不对称和谈判成本而必然存在纰漏和不完备的地方，更遑论规范整个社会财富秩序的复杂法律制度。因为法律不完备，就产生现存“权利确认规范”相对于社会财产的某些空白地带，形成法律剩余。与之对应的是，这些暂未纳入“权利确认规范”的财产物或者某些财产物上的某些属性，就停留在“公共领域”——不存在特定人在特定客体上拥有确定权利内容。但是，一旦形成产权的技术和经济条件成熟，建立排他性产权有利可图时，就会产生“公共领域”中的权利争夺，并扰乱社会秩序。宪法中“国家所有”条款的意义在于，保留国家对民法物权法等“权利确认规范”未尽领域的控制权，保持对全部确权到位之外的剩余社会财富的合法主导地位。

制度经济学的研究，将所有权作为规范问题转化为实证问题。当研究从规范视角转向历史经验视角，就会发现“在人类社会早期，公共土地就像空气和水这类免费资源一样大量存在”，[②]说明所有权并非先天存在，而是具有历史社会性。关于所有权（产权）的起源，德姆塞茨以印第安人的土地私有产权发展过程为例进行分析，发现商业性海狸毛皮交易发展造成狩猎规模扩大，产生建立私有产权制度以提高总社会财富的内驱动力，促使人群在自由开放的森林狩猎地上建立起排他性的狩猎权。基于对这些历史经验的分析，德姆塞茨对所有权（产权）的产生规律作出经典论断，“内在的收益大于内在化费用时，为了内在化

① 哈特指出：“双方缔结的合同格式不完全的，也就是说，合同各种包含缺口和遗漏条款，具体来讲，合同可能会提及某些情况下各方的责任，而对另一些情况下的责任只作出粗略或模棱两可的规定。”参见［美］哈特：《企业、合同与财务结构》，费方域译，上海人民出版社 1998 年版，第 24～25 页。

② 卢现祥主编：《新制度经济学》，武汉大学出版社 2011 年版，第 70 页。

外在性,产权就会发展”。[①] 这一道理,也适用于当前自然资源的立法。工厂排放废气和污水属于对空气资源和水资源的使用,在缺乏资源利用秩序的情况下,随意排放会将企业成本外部化为社会成本。随着技术条件成熟和产权界定成本下降,可建立排污权制度,提高资源利用效率。产权的功能是降低资源公共使用带来的租金耗散,提高社会净财富总量,其前提是“内在的收益大于内在化费用”。引入制度经济学的历史经验视角之后,宪法中的“国家所有”条款变得更容易理解。

《宪法》第9条第1款规定:“矿藏、水流、森林、山岭、草原、荒地、滩涂等自然资源,都属于国家所有,即全民所有;由法律规定属于集体所有的森林和山岭、草原、荒地、滩涂除外。”部分学者对此作出的规范解释是,除法律规定属于集体所有的之外,“包括宪法未列明的其他自然资源,均应归国家所有,包括人类已发现的未发现的自然资源”。[②] 对于《宪法》第9条采用“等”这种开放性界定方式的一种解释是,国家基于主权原则剥夺私人成为自然资源所有权主体,形成自然资源的国家垄断制度。[③] 按照制度经济学产权理论,还可以提出另外一种解释,即由于自然对象随着人类社会变化可能从纯自然状态走向具备经济利用价值的社会状态,形成财产物本身动态演化特征,造成宪法相对于人类社会财产秩序的不完备性。宪法制定者既不可能预料到暂未被发掘的自然资源,也不能可预计资源价值的变化,因此,不可能提前制定关于社会财产秩序的完备规范,从而形成《宪法》第9条中的“绝对的列举未尽观”。[④]

基于此,可提出对宪法与民法关系的一种理解:在建立社会财产秩

---

① [美]哈德罗·德姆塞茨:《关于产权的理论》,载《经济社会体制比较》1990年第6期。

② 崔建远:《自然资源物权法律制度研究》,法律出版社2012年版,第27页。

③ 王利明:《论国家所有权的民法保护》,载《中国法学》1991年第2期。

④ 欧阳君君:《论国有自然资源的范围》,载《中国地质大学学报》(社会科学版)2014年第3期。

序方面，民法物权法未尽之处由宪法控制。宪法作为民法的“母法”是指，民法物权法等“权利确认规范”是由宪法“权利界定规范”实施的结果，且将民法物权法必然不能穷尽的剩余地带保留由宪法控制。宪法与民法物权法的规范层次不同且不是平等地位。在四川“乌木案”和《黑龙江气候资源探测与保护条例》相关条款引发的社会热议中，显示了“人们对‘国有’的反感甚至恐惧”，[①]学界对“国家所有”的民法研究主要的着眼点是“防止政府在自然资源方面与民争利”。[②] 将《宪法》第9条的自然资源国家所有与第10条规定的征地看作与民争利行为，隐含国家与社会对立观点。林来梵教授认为：“宪法学中的财产权与民法学中的财产权在主要客体以及基本性质上并无甚大差异”，差别在于“同一客体的不同主体之间的关系”，作为“针对国家的一种权利”，“宪法上的财产权乃属于一种特殊‘防御权’，即公民（或私人）对国家权力（或公权力）所加诸的不当侵害作出防御，并在实际侵害发生的场合下可得救济的一种权利”。[③] 该观点影响甚大，这一论断注意到民法规范“私人对抗私人”的关系，以及“私人对抗公权力”的关系，是物权排他性的两个方面，但是忽视财产秩序中的第三种关系。即国家是保障财产秩序的必要条件。

制度经济学从产权角度提出国家理论，将创造财产秩序看作国家的基本功能。契约理论认为：“国家是公民达成契约的结果……契约限定每个人相对其他人的经济活动……国家的存在有利于契约制度的建立和契约（合约）的实施。假若没有国家，那么契约实施的交易费用将相当高。契约方法可以解决为什么国家提供了一个经济地使用资源的

① 巩固：《自然资源国家所有权公权说》，载《法学研究》2013年第4期。

② 单平基、彭诚信：《“国家所有权”研究的民法学争点》，载《交大法学》2015年第2期。

③ 林来梵：《针对国家享有的财产权》，载《法商研究》2003年第1期。

框架,从而促进福利的增加。”[①]国家垄断合法暴力构成契约实施后盾,结束因资源竞争引发的人与人战争的“丛林状态”,建立起财产秩序。实际上,在民法物权法等“权利确认规范”未能穷尽的社会财富剩余领域,依然可能存在资源竞争引发的“丛林”行为,国家的目标就是结束无序、建立有序,作为剩余控制权的宪法“国家所有”条款,是其实现工具。所有人让渡(自然)权利进行立宪的目的是,结束霍布斯所说的前社会中的“丛林状态”,走向权利被法律确认和制度保护的社会状态,表现在财产上就是民法物权法等“权利确认规范”生成。宪法的首先意义不在于保障主体、客体和内容都确定的权利状态,那是民法物权法的职责。[②]基于以上分析,可对宪法中的“国家所有”作出理解:国家以人民名义来建立财产秩序基础,并控制随历史条件变化而时时可能出现的剩余领域中的“丛林状态”。在面前法律未尽领域,国家具有的剩余控制权,本质属于“仅凭借共同体的存在就当然存在的,是不可分割、不可转让”的“制宪权”,[③]其主体是人民。

以社会财富剩余控制权来解释宪法中的“国家所有”,需注意四点:

首先,国家的人民授权性。当国家依照宪法“国家所有”条款行使自然资源所有权时,国家既不是与私人平等的民事主体,也不是基于现行法律规范从事社会管理的行政主体,而是基于人民授权在主权范围内建立财产秩序的政治主体。在财产秩序未建立的状态下,实证意义上的私有产权还不存在,此时国家实施剩余控制权,不产生与民争利的伦理结果。相反,在立宪之初人民便将结束这种“丛林状态”的权力赋

---

① 卢现祥主编:《新制度经济学》,武汉大学出版社 2011 年版,第 225 页。

② 夏泽祥认为作为根本法的宪法“以国家权力为恒定的调整独享,它并不直接涉及私人之间的关系”。参见夏泽祥:《作为公法与根本法的宪法》,载《法学》2012 年第 2 期。

③ 陈端洪:《宪法学的知识碑界——政治学者和宪法学者关于制宪权的对话》,载《开放时代》2010 年第 3 期。

予国家，国家不仅有权力而且负有积极建立财产秩序的宪法义务。[①] 我国《宪法》第 2 条第 1 款规定“中华人民共和国的一切权力属于人民”，显示了国家的人民授权性，构成《宪法》中“国家所有”条款的宪制基础。如同在经济活动中的代理关系中存在代理人“道德风险”而背离委托目标的状况，国家也可能变成特殊利益集团代理人，背离公共目标变成寻租者。落实人民授权的宪法原则是“规制”国家蜕变为掠夺之手的根本途径。

其次，“国家所有”的公共目标。正如有学者指出的，宪法中“国家所有”的“核心是对自然资源的有效管理和规制，而不是单纯占有”，需要将“民法所有权蕴含的经济理性和逐利冲动”与“‘国家所有’预设的责任、约束和国家保护义务”区别开。[②] 行使“国家所有”的目标在我国宪法中的表现包括，《宪法》第 6 条第 1 款“中华人民共和国的社会主义经济制度的基础是生产资料的社会主义公有制，即全民所有制和劳动群众集体所有制。社会主义公有制消灭人剥削人的制度，实行各尽所能、按劳分配的原则”，《宪法》第 9 条第 2 款“国家保障自然资源的合理利用，保护珍贵的动物和植物。禁止任何组织或者个人用任何手段侵占或者破坏自然资源”，《宪法》第 10 条第 5 款“一切使用土地的组织和个人必须合理地利用土地”。归结起来是，在“全民所有”的土地和自然资源上建立权利秩序需要彰显公共利益目标，且要保持资源合理利用。

再次，“国家所有”的行使状态。《宪法》中的“国家所有”包括积极行使与消极行使两种状态。所谓积极行使是指，在遵循人民授权的合法前提下，制定法律规章制度，构建关于自然资源精细可操作的分配利用制度，例如，出台《土地管理法》《中华人民共和国矿产资源法》《中华

---

① 制度经济学关于国家的定义包括，“国家是一种具有暴力潜能的组织，并且是一种更具有垄断权的制度安排，他的主要功能是提供法律和秩序”。参见卢现祥主编：《新制度经济学》，武汉大学出版社 2011 年版，第 225 页。

② 王旭：《论自然资源国家所有权的宪法规制功能》，载《中国法学》2013 年第 6 期。

人民共和国水法》等一类部门法、单行法和其他规章制度。立法是国家积极行使剩余控制权的典型形态。由于界定所有权(产权)本身需要成本,按照巴泽尔的观点,当产权界定成本高于建立排他性产权产生的社会收益时,将财产留在“公共领域”更加经济。[①] 在自然资源“公共领域”中,国家剩余控制权常常处于消极状态,例如,允许所有的人自由从国家所有的河流中取水。为满足生活基本需要的自由取水行为,不产生竞争性,无须建立排他性使用规则。此时,只要不进行破坏性或者垄断性取水,国家剩余控制权就处于消极状态。一旦个人生活取水变成企业大规模用水,自发形成的水资源利用秩序被打破,并产生一定竞争性时,国家剩余控制权就可能变成积极行使状态,并按照实际情况建立用水权制度。

最后,国家剩余控制权的限度。国家行使剩余控制权针对的是现有“权利确认规范”未尽领域,当在相关对象上完成权利界定并形成权利秩序之后,国家剩余控制权退出。依照宪法制定的“权利确认规范”体现宪法意志,因此被人们所尊重。

第二节　土地自然增值与国家剩余控制权实现

一、地租收益的剩余社会财富属性

运用剩余控制权来解释《宪法》中的土地“国家所有”,所存在的一点障碍是,除地质原因等造成地形地貌变动带来土地资源变化以外,通

① 巴泽尔指出,“人们获得,保持及放弃权利,是一个选择问题……当人们相信这种行为的收益将超过成本时候,他们就会运用权利,相反,当认为拥有产权的收益并不足弥补成本时,他们就不会去运用权利,从而使这种产权置于公共领域内”。参见[美]巴泽尔:《产权的经济分析》,费方域等译,上海三联书店 1997 年版,第 89 页。

常情况下，土地的自然属性与社会属性相对固定。当前一般不会出现类似风能、太阳能，因为技术水平提高，推动在这些自然资源上形成新的产权的情况。同时，土地上已经形成一套相对完备的排他性权利秩序，直观地看，在土地上不存在可能造成人与人竞夺利益的“公共领域”。这样来看，土地上不存在土地管理法、物权法等“确认权利规范”不曾涵盖的法律未尽领域，作为剩余控制权的“国家所有”也似乎无用武之地。

要解决上述疑问，需辨明土地作为财产物的属性。巴泽尔研究产权时提出，需要将“商品理解为一系列不同属性的结合，交易的实质是商品属性在交易者之间的转让”。[①] 即在产权转让过程中，财产物某些具有价值的属性是交易对象，其他某些属性被无偿转让。法律界定的产权（所有权）只能将财产物的某些属性包含在内，当经济条件或者技术条件发生变化时，之前存而不论的一些属性开始显现出价值，开始从“公共领域”向排他性转化，推动产权制度变化。如在采矿技术发明之前，矿产埋在地下不成为相对于土地所有权的独立权利内容，当采矿具有经济价值后，采矿权成为设置土地制度时必须要考虑的。同样的道理体现在土地上，是指作为财产物的土地由一些具体属性组成，同一块土地分别作为农用地与作为建设用地转让时，因其构成产权内容的实质属性不同，交易价值也完全不同。

在城市建设过程中，农用地向建设用地转化发生升值，《宪法》第10条中的“国家所有”条款，主要是解决土地属性变化（本质是产权内容变化）产生的财富配置问题。该条第1款规定“城市的土地属于国家所有”。如果按照民法物权解读，城市边界变动不居就造成该条款极难理解。在这里，城市是相对于农村的一个范畴概念，“城市的土地属于国

---

① 参见卢现祥主编：《新制度经济学》，武汉大学出版社2011年版，第78页。

家所有”是指凡是进行城市建设的土地,都属于国家所有,排除在集体所有土地上进行城市建设的权利。这相当于国家对新增城市建设所占用的土地实施垄断。如同《宪法》第9条对自然资源的开放列举一样,《宪法》第10条对于国有土地也产生开放界定效果。《土地管理法》等规定从事城市建设必须使用国有土地,切断集体所有土地参与城市建设通道。这意味着,城市建设增加占地所带来的社会财富,就通过政府垄断土地一级市场这一做法收归国有。

问题是,国家在土地方面运用剩余控制权是否正当。这涉及城市建设过程中的土地自然增值来源及其性质。除去利用存量建设土地所进行建设之外,新增城市建设需要占用农地和未利用地,这些土地向城市建设用地转化,市场价值会急剧上涨。土地用途转化带来的土地价值上升与私人行为无关,属于土地的自然增值。史尚宽先生观察都市地价上涨现象后论述说,地租“实为社会全体之产物”,“盖人口之增加,交通之改造,工商业制繁盛,公共之改良,皆为地价升腾之原因”,揭示土地自然增值“非由于劳动力资本者”造成的性质。① 即城市建设所带来的土地增值收益是由社会全体公共力量形成的。整个社会财富分配主要包括三个流向:一是劳动工资;二是资本利润;三是土地租金。由于地租本质是“土地所有权借以实现的经济形式”,②那么土地产权形态就决定了社会财富分配方式。我国《宪法》序言指明,“中华人民共和国成立以后,我国社会逐步实现了由新民主主义到社会主义的过渡。生产资料公有制的社会主义改造已经完成,人剥削人的制度已经消灭,社

① 史尚宽:《土地法原理》(第3版),正中书局印行1954年版,第7页。

② 土地作为自然物本身不产生财富,马克思论述地租时指出,“不论地租有什么独特的形式,它的一切类型有一个共同点:地租的占有是土地所有权借以实现的经济形式”。参见[德]马克思:《资本论》(第3卷),中共中央马克思恩格斯列宁斯大林著作编译局译,人民出版社2004年版,第714页。

会主义制度已经确立”,并在《宪法》第6条中规定:“中华人民共和国的社会主义经济制度的基础是生产资料的社会主义公有制,即全民所有制和劳动群众集体所有制。社会主义公有制消灭人剥削人的制度,实行各尽所能、按劳分配的原则。”将土地纳入基本生产资料范畴,建立土地社会主义公有制的基本目标是取消私人通过占有土地摄取社会财富,[①]避免基于土地占有发生剥削关系。当前阶段,整个社会经济发展带来的城市建设是造成土地自然增值的主要动因,这部分社会财富就如同由全民共享的自然资源,任何私人垄断占有皆不正义。第10条中的“国家所有”条款,国家发挥剩余社会财富公共配置功能。[②]

在现行制度下,土地自然增值收益作为剩余社会财富转化为政府的土地出让收入。在前期阶段,存在政府不规范、不合理使用土地出让收入的问题,违背国家行使剩余控制权的公共目的初衷。为此,国家逐步完善相关制度。针对土地出让收入管理问题,2006年国务院办公厅下发《关于规范国有土地使用权出让收支管理的通知》,规定从2007年1月1日起,将土地出让收支“全额纳入地方基金预算”,实行“收支两条线”管理,“在地方国库中设立专账,专门核算土地出让收入和支出情况”,建立健全年度土地出让收支预决算制度,要求相关管理部门每年度依照财政规范“编制土地出让收支决算”,“按照规定程序向同级人民政府报告,政府依法向同级人民代表大会报告”。这些措施保障土地出让收入依照公共财政规范管理,防止社会财富偏离公共配置目标,落实

① 刘俊发现我国台湾土地制度也包含“土地资源利益必须返还给社会”的制度理念,并指出,“台湾将土地所有权分为上下两级表明了保护私人通过自己劳动从土地获得财富是立法目的,而非劳动部分所增加的价值私人是不能获得的”。参见刘俊:《土地所有权国家独占研究》,法律出版社2008年版,第302~303页。

② 韩松指出,“城市的土地由国家享有所有权,国家垄断对建设用地的出让市场是有土地资源本质上宜由社会公共所有和公平配置的属性决定的”。参见韩松:《集体建设用地市场配置的法律问题研究》,载《中国法学》2008年第3期。

国家剩余控制权的宪法规范,避免国家控制权异化。以 2014 年土地出让收支情况为例说明,当年全国土地出让毛收入 42,940.30 亿元,其中征地拆迁补偿、土地出让前期开发、补助被征地农民等“成本性支出”共计 33,952.37 亿元(占 79.1%),剩下 8987.93 亿元(占 20.9%)“土地出让净收益”中的 7258.61 亿元用于公共支出,主要包括城市建设、农业农村、保障性安居工程等方面,财政结余 1000 多亿元。上述情况表明,土地出让收入的使用符合公共配置标准。社会上流传的土地出让收入都被官员贪污的说法缺乏依据。并且需要区分的是,官员贪污与土地制度是两个问题,在权力监督不力的情况下,通过税收取得的财政资金也可能被官员贪污,而这并没有成为取消税收制度的理由。

现代社会已经不存在“风能进,雨能进,国王不能进”的绝对土地所有权。为实现公共利益目标,私人土地上也开始负担越来越多社会义务,如《魏玛宪法》规定“所有权负有义务,其行使时应同时有益于社会”。[①] 无论是否支持我国现行土地制度,必须得承认将由社会全体公共力量带来的土地自然增值收益全部收归社会是现代土地制度的内在要求。赵燕菁博士区分了土地增值收益社会化的三种方式:第一种是“传统的市场经济国家,城市政府的公共服务是从土地增值后的财产税中收取的。其基本路径是,政府改善基础设施和公共服务—地价提高—不动产升值—财产税增加”;第二种是在计划经济体制下,政府直接划拨分配土地,地租转化为企业利润,最终通过公有制企业上缴利润回收国家对基础设施的投资;第三种是我国当前采用的办法,将土地增

① 刘俊同时指出,土地所有权作为“资源性财产权必须受到严格的法律限制,这种限制不再是纯粹的处于私法上的权利相互性要求,而是社会公共利益甚至国家利益的需要。政府强权越来越多地介入使资源型财产的法律调整具有公私交融的社会法的性质”。参见刘俊:《土地所有权国家独占研究》,法律出版社 2008 年版,第 41 ~ 42 页。

值收益当作剩余社会财富由国家控制并实施社会财富再分配。[①] 征税的法理基础与国家剩余控制权有所不同,征税以存在私有产权为基础,而本节讨论的土地自然增值收益恰恰是不能建立私有产权,才引入国家剩余控制权。[②] 土地私有制国家通常采用征取土地增值税和不动产税的办法实现国家参与社会财富的二次分配。在我国公有制前提下,土地无法成为私人摄取社会财富的手段,而是在一次分配环节调节财富流向。尽管二者的实践方式和法理基础不同,但是剥夺私人不劳而获地占有社会财富机会的制度目标,几乎一致。[③]

二、国家剩余控制权具体实现

《宪法》中的"国家所有"条款,赋予国家对既有"权利确认规范"之外的剩余财物实施控制的合法地位,但是国家的最终目的不是直接占有财物,而是建立公平合理的财物分配利用秩序。受财物自身属性以及经济技术条件影响,不同剩余财物最终走向不同的利用秩序。如军事设施、铁路一类,通常建立国家所有、垄断使用的利用秩序;受建立排他性产权的成本影响,气候、水资源等通常建立开放使用制度,允许民众在合理范围内自由取水或者自由排放燃烧废气。"国家所有、垄断使用""国家所有、开放使用""国家所有、有偿使用"等是国家剩余控制权具体实现的几种方式。其中,在"国家所有"财物上建立私有产权仅仅

---

① 赵燕菁:《投资型住宅需求与社会财富再分配》,载《北京规划建设》2010 年第 6 期。

② 对于税收性质存在一种解释,即认为国家建立法律制度维护私人财产权利,相当于提供一种维持社会秩序的"公共产品",建立财产秩序需要成本,而税收则是私人权利获得保护后支付的成本。参见[美]史蒂芬·霍尔姆斯、凯斯·R. 桑斯坦:《权利的成本——为什么自由依赖于纳税》,毕竟悦译,北京大学出版社 2004 年版,第 39～52 页。

③ 史尚宽先生指出设置土地税有四个理由,其伦理理由为,"不劳而获之学说,为本税设定之根本理由。土地自然增值,视为由社会之力而来,故宜属于全体。土地为自然之赠与物,其价值非由于个人资本劳力而来这,若以之属于个人,伦理上甚为不当"。参见史尚宽:《土地法原理》(第 3 版),正中书局印行 1954 年版,第 295 页。

是国家控制权的实现方式之一,并且是在建立排他性产权的成本较低的情况下才会采用。改革开放以后,我国逐步实行土地有偿使用制度的主要目的之一是,避免划拨制度下土地浪费利用问题。在土地上建立排他性产权带来的收益高于产权界定成本,通过土地使用权制度实现土地资源利用秩序属于合理选择。

《宪法》第 10 条中“城市的土地属于国家所有”的规定,在土地管理法、城市房地产管理法中被具体落实。按照《土地管理法》第 43 条的规定,除兴办乡镇企业、村民建设住宅、乡(镇)村公共设施和公益事业建设之外,“任何单位和个人进行建设,需要使用土地的,必须依法申请使用国有土地”。公有制限制土地所有权直接转让,为了使土地作为要素参与市场经济,我国逐步发展出土地使用权转让制度,土地使用权作为“土地物权化的手段,是不可流转土地(所有权)实现流转的制度工具”。[①] 1990 年国务院颁布《城镇国有土地使用权出让和转让暂行条例》,城镇国有土地使用权出让转让获得合法依据。出让土地使用权成为推进城镇建设的重要基础,同时,《城市房地产管理法》第 8 条规定:“城市规划区内的集体所有的土地,经依法征用转为国有土地后,该幅国有土地的使用权方可有偿出让。”以上结合起来形成“国家垄断城镇土地一级市场”的建设用地制度,[②]即农村集体所有土地必须通过《宪法》第 10 条第 3 款的征收转化为国有土地后,才能参与城镇建设。

除划拨以外,城镇建设主体需要通过支付土地出让金才能获得建设用地使用权。通过垄断城镇土地一级市场,国家获得新增城镇新增建设用地的自然增值收益,将这部分剩余社会财富实施控制。国家采

① 高富平:《土地使用权的物权法定位》,载《北方法学》2010 年第 4 期。

② 1993 年第十四届中央委员会第三次全体会议通过的《关于建立社会主义市场经济体制若干问题的决定》,首次提出“国家垄断城镇土地一级市场”。

用这种办法行使剩余控制权,具有经济合理性。在计划经济体制下,将土地划拨给公有制企业,地租最终以上缴利润形式收回。由于用地不计入生产成本,这种方式存在土地资源浪费的弊端。改革开放之后,私营企业开始出现,划拨土地相当于将地租让渡给私人,我国从 1979 年就开始以场地使用权作价投资兴办合资企业,[①]之后随着市场经济扩大逐步完善土地有偿使用制度。采用“招拍挂”等办法出让城镇建设用地使用权,强调公开透明,通过引入市场机制以发现特定地块上土地使用权的实际价格。土地一级市场中竞价机制,有利于防止社会财富流失。如国务院下发的《关于规范国有土地使用权出让收支管理的通知》规定,对擅自减免应缴国库的土地出让收入的行为,要按照“有关法律法规进行处理,并依法追究有关责任人的责任;触犯刑法的,依法追究有关人员的刑事责任”。

建设主体获得城市建设用地使用权,表面上看,获得的是作为物质形态的一定面积土地,本质是一定范围的城市空间。即土地使用权不仅是指利用这块土地的权利,而且包含城市规划所允许的土地利用方式。区位和容积率是城市空间的直观形态。国家技术标准《城镇土地估价规程(GB/T18508—2001)》分别列举了商业用地、住宅用地和工业用地的宗地地价影响因素,如商业繁华度、交通便捷度、基础设施完善度、环境质量优劣度、住宅区的位置,这些反映的都是城市空间。

城镇建设用地使用权出让实质是对城市空间利用和对空间利益分配。城镇建设用地价格差异由级差地租造成,位置是决定城市土地级差地区的重要因素之一。学区房、地铁房价格高,与建筑成本关系较

① 1979 年开始实施的《中外合资经营企业法》第 5 条中规定:“中国合资者的投资可包括为合资企业经营期间提供的场地使用权。如果场地使用权未作为中国投资者投资的一部分,合资企业应向中国政府交纳使用费。”

小,位置使然。赵燕菁认为,城市建设的本质是空间“公共品”供给,“政府可以当作一个‘经营空间的企业’——通过为其行政边界里的经济人(居民、企业)提供公共服务(基础设施、法律保障、公共安全等),获取经济收益”。[①] 该观点既深刻,又直观。反映到城市房价上的区位土地价值差异,是由不同位置获取城市“公共品”的机会不同和成本差异造成的。尽管城市提供的基础设施、公共服务等大部分是开放使用,如绿地公园,但是位置不同,获取公共利益的成本也完全不同。位置越好,地价越高,私人通过支付房价来获得城市空间利益。此外,作为城市公共品的公共服务和基础设施,由政府投资供给,其成本既可以通过房产税的方式持续回收,也可以通过出让土地使用权方式一次性回收,我国采用后一种方式。政府投入公共财政进行城市建设,所提升的城市空间价值附着到土地上,最终显示为城镇建设用地级差地租。国家垄断土地一级市场,实现对这部分剩余社会财富回收,然后再进入政府公共财政支出,形成循环。[②] 这个循环的起点是社会财富由公共创造,终点是改善社会福利,“取之于民、用之于民”,体现了国家剩余控制权行使的公共目标。

至此,本节基本揭示了《宪法》第 10 条中的“国家所有”作为社会财富剩余控制权的性质,并分析其通过相关制度设置在建设用地上的具体实现方式。还需对《宪法》第 10 条第 2 款中的“集体所有”的性质作出补充说明。如前文所指出的,“国家所有”不是“权利确认规范”,同理,《宪法》中的“集体所有”也不是“权利确认规范”。正如《宪法》中的“国家所有”不是建立主权意义上的排他性一样,《宪法》中的“集体所

---

① 赵燕菁:《对地方政府行为的另一种解释》,载《学习时报》2007 年 2 月 12 日,第 4 版。
② 贺雪峰:《地权的逻辑Ⅱ:地权改革的真相与谬误》,东方出版社 2013 年版,第 11 页。

有”也不是作为民事权利建立对集体之外的排他性。[①] 正如《宪法》中“国家所有”的功能是建立对内公共自然资源的利用秩序一样,《宪法》中的“集体所有”功能也是建立集体内部公共资源使用秩序。作为“权利界定规范”的“国家所有”体现为建立剩余财产秩序的政治权力,依据村民自治规则行使集体土地所有权的“集体所有”制度,也属于一种由全体集体成员通过法定程序达成土地权利配置秩序的政治过程。“集体所有”作为“权利界定规范”体现在承包地发包、四荒地使用权拍卖、征地补偿款分配、宅基地分配等方面。这些通常需要以村民会议或者村民代表会议的形式通过,《村民委员会自治法》《土地管理法》和《土地承包法》都对其作出了相关规定。关于集体土地资源管理,由于任何一个具体权利配置方案都存在决议不完备之处,因此集体组织保留土地权利配置剩余部分,形成“集体所有”在集体内部的剩余控制权性质,如《农村土地承包法》等将土地具体发包情况交由集体决议决定。作为“政治”权力,《宪法》中的“国家所有”与“集体所有”在性质上能够统一起来。

第三节　城乡土地转化的合宪性分析

一、土地“先征后用”的必要性

国家通过垄断城镇建设用地一级市场来行使剩余控制权的做法,带来了巨大争议,即农村集体所有土地是否必须通过征收才能参与城

① 对此刘俊指出,“土地自然资源属性决定了集体土地所有权不应该成为一项用民法标准去检验的物权”。参见刘俊:《土地所有权国家独占研究》,法律出版社 2008 年版,第 297 页。按照高富平的观点,对于集体土地这类“公有物”,“是归特定范围的社会共同体享有,它不可交易,也不需要交易,因此只需要建立社会成员如何共同利用或共同分享其利益的秩序,而不需要建立排他的所有权,即只需要建立一个静态的利用秩序和管理维护秩序”。参见高富平:《物权法专论》,北京大学出版社 2007 年版,第 275 页。

镇建设。部分学者对“先征后用”持反对意见,其理由是,“国家土地所有权与集体土地所有权都是平等的所有,不仅国有土地使用权,集体土地使用权也可以依照法律的规定转让……允许农民集体土地使用权直接进入建设用地使用权市场符合集体所有权和国家所有权平等保护的物权法原则”。[①] 显然,这是将《宪法》中的“国家所有”与“集体所有”解释为“权利确认规范”。按照这一思路,“城市土地”作为财产客体必须特定,由此反推得出结论,《宪法》第 10 条第 1 款中的“城市土地”是指制定法律时已经建成城市的土地属于国家所有,之后城市土地可以属于国家所有也可以不属于国家所有,农村集体所有土地可直接参与城镇建设。

如果将《宪法》中的“国家所有”解释为“权利界定规范”,则“《宪法》第 10 条第 1 款关于城市的土地属于国家所有的规定,不能作静态的理解……应理解为一种建设目标——它既是对 1982 年土地权属基本现状的确认,也表达了国家土地权属制度和土地政策的未来走向,是对未来目标的设定”。[②] 按照前文的解释,既然《宪法》中的“国家所有”与“集体所有”不属于主体、客体和权利内容皆已确定的民法所有权,则物权平等保护原则不适用对二者关系的讨论,亦不能得出农村集体所有土地直接参与城市建设的结论。

从城镇建设用地使用权的性质来看,农村集体所有土地直接入市也存在障碍。崔建远教授将土地是否为商业性开发作为区分《宪法》第 10 条第 3 款中的“公共利益”标准,认为最终用于商业开发的建设用地不必走“先征收、再出让”的办法,“可以由集体经济组织这个土地所有权人直接与用地者签订集体建设用地使用权出让合同(或曰集体建设

① 韩松:《集体建设用地市场配置的法律问题研究》,载《中国法学》2008 年第 3 期。
② 黄忠:《城市化与“入城”集体土地的归属》,载《法学研究》2014 年第 4 期。

用地使用权设立合同,下同),创设集体建设用地使用权”。[①] 崔建远教授没有详细论述在集体所有土地上设置“建设用地使用权”的最终使用方式,例如,无论是进行工业建设还是商住开发等。这些姑且不论。通过合同在集体所有土地上直接设置“建设用地使用权”并向开发商转让的主张,忽视了建设用地使用权的性质。《物权法》规定国有土地上可以设置建设用地使用权,并将其纳入物权法用益物权编。用益物权是实现所有权的一种方式,在遵循物权法定的前提下,设立用益物权总体属于彰显所有权人主体意志的私权行使行为。[②] 问题在于,在国有土地上设置建设用地使用权并非纯粹的私权行使。

《城市国有土地使用权出让转让规划管理办法》第5、7条分别规定:“出让城市国有土地使用权,出让前应当制定控制性详细规划。出让的地块,必须具有城市规划行政主管部门提出的规划设计条件及附图。”“城市国有土地使用权出让、转让合同必须附具规划设计条件及附图。”[③]可见,在一级市场上所出让的建设用地使用权,不只是物质意义的地块,而且包括规划内容。离开规划许可的建设用地无法使用。在国有土地上设置建设用地使用权与规划许可需一体完成。《城乡规划法》第38条第1款规定:“在城市、镇规划区内以出让方式提供国有土地使用权的,在国有土地使用权出让前,城市、县人民政府城乡规划主

---

① 崔建远:《征收制度调整及体系效应》,载《法学研究》2014年第4期。

② 王利明指出,“他物权的设定是所有权能分离的结果,所有权的存在是他物权设定的前提,这就决定了他物权在设定过程中要最大限度地尊重所有权人的意志和利益,不经过所有人同意而直接依法产生他物权是极为例外的情形,必须有充分的理由”。参见王利明:《论他物权的设定》,载《法学研究》2005年第6期。

③ 按照《城市国有土地使用权出让转让规划管理办法》第6条的规定,规划设计条件包括:地块面积,土地使用性质,容积率,建筑密度,建筑高度,停车泊位,主要出入口,绿地比例,须配置的公共设施、工程设施,建筑界线,开发期限以及其他要求。附图应包括:地块区位和现状,地块坐标、标高,道路红线坐标、标高,出入口位置,建筑界线以及地块周围地区环境与基础设施条件。

管部门应当依据控制性详细规划,提出出让地块的位置、使用性质、开发强度等规划条件,作为国有土地使用权出让合同的组成部分。未确定规划条件的地块,不得出让国有土地使用权。”该法第 39 条进一步规定,“规划条件未纳入国有土地使用权出让合同的,该国有土地使用权出让合同无效”。建设主体取得建设用地使用权,本质是对特定城市空间的利用,城市规划承担分配城市空间利益功能,“城乡规划所指向的不是人的行为,而是土地以及地上空间的利用方式……城乡规划功能的实现,实际上是通过对空间资源的分配、空间权利行使的规范来实现的”。[①]《城市国有土地使用权出让转让规划管理办法》第 9 条规定:“已取得土地出让合同的,受让方应当持出让合同依法向城市规划行政主管部门申请建设用地规划许可证。在取得建设用地规划许可证后,方可办理土地使用权属证明。”设置并出让建设用地使用权过程包含了行政许可内容,并非所有权人意思表达单独实现。调整公共利益是“城乡规划存在和发挥作用的理由所在”,[②]关于建设用地利用规划,应当属于《中华人民共和国行政许可法》(以下简称《行政许可法》)第 12 条第 2 款规定的“有限自然资源开发利用、公共资源配置以及直接关系公共利益的特定行业的市场准入等,需要赋予特定权利的事项”。

建设用地使用权属于“国家强力赋予的权利”,并且“理所当然蕴含着国家有权对其开发进行特别许可”,因此,属于特许物权(或者准物权)。[③] 正如崔建远教授所指出的,准物权(特许物权)需通过行政法规范成立,并且依赖“行政许可起‘催生’与确认的作用,赋予行为人以法律上之力,使其占有、使用等状态名实相符”。[④] 依此来看,仅靠所有权

① 徐元:《城乡规划的法律性质分析》,载《工程建设标准化》2008 年第 2 期。
② 徐元:《城乡规划的法律性质分析》,载《工程建设标准化》2008 年第 2 期。
③ 梅夏英:《特许物权的性质与立法模式的选择》,载《人大法律评论》2001 年卷第二辑。
④ 崔建远:《准物权的理论问题》,载《中国法学》2003 年第 3 期。

人与土地使用主体的合同关系无法设立建设用地使用权。对此有学者指出,“我国土地使用权并非大陆法国家的用益物权”,其原因是,“我国土地使用权是公有制下土地物权化的工具,是我国不动产物权的基础,它不属于某个私权基础上设定的他物权”。[①] 我国现行物权法没有考虑建设用地使用权的上述特殊属性,从而埋下了当前建设用地制度争论的伏笔。

由集体经济组织在集体土地上直接设置建设用地使用权,还存在土地利用规划障碍。距离城市远近决定了不同村庄参与城市建设机会不同,撇开采取上述做法可能带来的不公平问题,它在操作中也会存在困难。例如,笔者工作所在的大学紧挨东湖风景保护区和马鞍山国家森林公园,这两个区域限制甚至禁止从事城市建设,学校在另一个方向紧挨名为“光谷”的东湖高新技术开发区,全部规划为城市建设。如果允许一些村庄直接进行城市建设,又禁止另外一些村庄这样做,必然引发更激烈的社会冲突。

城市空间属于公共利益,放任城市空间管理,可能造成争夺利益的“丛林状态”,很多城郊地区违建很难控制就是例证。针对此,国家垄断土地一级市场并设计建设用地使用权出让制度来进行空间利益分配,建立关于城市空间的“公共资源”的利用秩序。采用市场手段进行土地出让,用地主体所占用的城市空间利益越大,需要支付的土地使用成本越高。城市国有土地“公有私用+出让”制度,让剩余社会财富转化为公共财政收入。运用土地利用规划与城市建设规划等手段主导“城市空间利益的正当分配”,[②]属于国家剩余控制权行使。

---

① 高富平:《土地使用权的物权法定位》,载《北方法学》2010年第4期。

② 陈越峰:《城市空间利益的正当分配》,载《法学研究》2015年第1期。

二、国家征收土地的合法基础

徐祥民教授将自然资源国家垄断制度理解为一种“资格”垄断,[①]“城市的土地属于国家所有”亦起到类似效果。城市建设向周边扩展占用农村集体所有土地带来征收,其依据是《宪法》第10条第3款,该条款规定:“国家为了公共利益的需要,可以依照法律规定对土地实行征收或者征用并给予补偿。”梁慧星先生将征收定义为“国家强制收买个人财产”,并指出,“征收归根结底,是商品交换关系,征收是民法制度”。[②]

鉴于《宪法》第10条是对第6条的生产资料所有制规定在土地方面的具体落实,首先可对公有制下的土地征收与私有制下的土地征收作区分讨论。在土地私有制国家,也存在政府掌握公有土地的情况,例如,美国联邦政府占所拥有约占国土面积30%的土地,并且政府能够以民事主体身份在这些土地上也拥有私产权。[③] 而我国国有土地与集体所有土地都不具备交易性,政府或者集体经济组织不能以民事主体身份处理土地所有权,土地“国家所有”或“集体所有”皆不受私法规则支配。土地公有制下的“国家所有”与私有制下的“国家所有权”存在内涵差异。[④] 在土地私有制下,国家征收私人土地变为政府控制,属于土地产权从一个民事主体转移到另一个民事主体,属于“私”对

① 徐祥民:《自然资源国家所有权之国家所有制说》,载《法学研究》2013年第4期。

② 梁慧星:《宪法修正案对非公有制经济和私有财产的规定》,载《私法》第4辑第2卷。

③ 张千帆指出,美国“联邦政府土地所有权已不再是一个虚置的空壳,而是和私人土地所有权一样实实在在的‘使用和享有财产的权利集合’”。参见张千帆:《城市土地“国家所有”的困惑与消解》,载《中国法学》2012年第3期。

④ 王利明指出,“在当地资本主义社会,国家所有权作为一种所有权形式……一般适用民法关于所有权内容的规定……国家作为独立的实体而独占的拥有财物的权利”。参见王利明:《国家所有权的法律特征研究》,载《法律科学》1990年第6期。

“私”的关系,适用“商品交换”规则,并需要按照市场价值进行补偿。[1]依照《宪法》第10条第3款的规定,农村集体土地被征为国有土地,是生产资料由“部分劳动群众”所有形式向全体劳动群众所有的转化,属于公有制两种形式之间转化,表现为“大公”与“小公”的关系,不属于商品交换。[2]

公有制下的土地征收性质决定征地中的合理补偿安置不能等同于“按照市场价补偿”。国家征收集体所有土地是对一定范围内劳动群众生产资料的剥夺,因此,要做好补偿安置。在传统计划经济时代,我国采取过“谁征收,谁安置”办法,用地单位需负责农民丧失土地后的劳动就业安置问题。进入市场经济以后,逐步采取货币化补偿安置办法。《土地管理法》第47条所规定的补偿安置标准是从土地作为生产资料角度确定的。农村土地征收补偿安置类似于城市国有企业改革中的职工安置问题。据报道,当前随着中央在经济上的供给侧改革政策落实,将有大量相关企业转型或关闭,预计将导致仅煤炭和钢铁两个行业就有180万职工失业。对于企业政策性关停带来的失业问题,政府要主动承担安置责任,中央和地方财政预计拿出1000亿元奖补资金,主要解决职工安置问题。[3] 国企改革中的就业安置不属于劳动法规范对象,土地征收也不属于民法调整对象,二者都具有公共政策性质。国

---

① 王利明指出,“根据资产阶级法律,国家所有权内容是受私法规则支配的,在许多国家的宪法中,如美国宪法,明确规定国有财产的取得和让渡应遵循补偿原则,即私法原则”。参见王利明:《国家所有权的法律特征研究》,载《法律科学》1990年第6期。

② 韩松指出,“国家所有制即全民所有制,是社会主义的高级所有制,集体所有制是社会主义的低级所有制形式,集体所有制要向国家所有制过渡。因此,集体利益、个人利益都要服从国家利益,个人利益要服从集体利益,小集团利益要服从大集体利益”。参见韩松:《论物权平等保护原则与所有权类型化之关系》,载《法商研究》2006年第6期。

③ 参见新闻报道《人社部:煤钢行业有180万职工需安置 政府将提供1000亿元基金》,载观察者网:http://www.guancha.cn/society/2016_02_29_352421.shtml,最后访问日期:2016年3月8日。

家保障劳动群众以集体形式拥有土地生产资料，目的是让其投入劳动创造财富，体现“按劳分配”原则，国家在征地剥夺农民劳动生产资料之后实施补偿安置，关键是为农民提供替代就业机会，而非通过高额补偿让农民变成无须劳动的食利者。① 目前，一些地方政府所实施的征地后“留地安置”的做法体现了这一努力方向。关于《土地管理法》第 47 条规定的土地补偿标准之合理性，笔者在第三章中已经详细讨论过，此处不再赘述。

如何界定“公共利益”是引发征地制度争议的另一焦点。在承认地租作为剩余社会财富需归社会公共享有的情况下，需要将“公共利益”界定问题与土地自然增值收益分配问题（征地补偿安置问题）剥离，即，在不牵涉补偿是否合理的情况下对“公共利益”标准进行单独讨论。当前对征地制度的一个批评是，国家征收土地后不应当出让用于商业开发。这种观点是将《宪法》中的“公共利益”界定为土地的直接“公共使用”。

首先来看国有土地实际供应情况。政府征收土地之后进行四类供应，分别是工矿仓储用地、商服用地、住宅用地、基础设施及其他用地。其中前三类一般为出让，第四类通常为划拨。以 2014 年为例，四类占总供地量的比重分别为 28.8%、8.9%、18.9%、43.4%。工矿仓储用地出让价格一般与土地成本（征地补偿、税费、土地整理）持平，占四成多的划拨用地由政府承担土地成本，只有总量不到三成的商服住宅用地出让能够获得净收益。如果按照一些学者主张的，将征地限定在公园、道路和基础设施建设等直接的公益使用方面，工商住宅用地由农村集

① 刘俊指出，土地价值“是通过劳动创造的”，“那种认为国家征用集体土地需要按照市场价格给予补偿的主张不符合资源时代下的公平原则”。参见刘俊：《土地所有权国家独占研究》，法律出版社 2008 年版，第 302 页。

体经济组织供应，则政府不仅要按照农村经济组织与开发商签订的直接供地价格向另外一些农民支付征地成本（按照土地市场价补偿），而且还要承担土地开发成本（“三通一平”）与公共基础设施建设成本。级差地租造成城市工商住宅用地价格高昂，其最终来源于特定位置及其周边基础设施配套建设（假设在沙漠中孤立划一块土地为建设用地，恐怕也无价值）。允许工商住宅用地由集体经济组织直接与用地者签订建设用地使用权出让合同，相当于靠近城市的少数集体经济组织无偿占有附着在城市空间上的公共利益，违背剩余社会财富公共分配目标。[①] 因此，我国政府不是按照土地供应后的最终用途来确定“公共利益”标准。国家土地局前副局长曾指出，征地方面的“公共目的”与“非公共目的”并不对应于土地开发建设中的“公益性”与“经营性”。[②] 美国著名的“凯诺诉新伦敦市案”也表明土地征收中“公共目的”与“公共使用”的不统一。随着司法实践的演进，美国“司法部门将联邦宪法第五修正案征收条款中的‘公共使用’要件从狭义解释逐渐扩展为广义解释”。[③] 王利明教授认为从征收土地后的最终用途上区分“公共利益”标准不仅在立法技术上不可能，而且实质上也不可行，并以美国“凯洛诉新伦敦市案”为例驳斥将商业开发与公共利益绝对对立的观点。[④]

---

① 按照刘俊的观点，如果采用市场价值补偿征地，“只会使情况变得更糟，使已经不平衡的农民经济权利分配更加恶化……贫富悬殊更加尖锐，城市郊区相对富裕的农民越富裕，而边远地区相对贫穷的农民将越穷，国家意图依此解决‘三农’问题、促进社会和谐的良苦用心随之落空”。参见刘俊：《土地所有权国家独占研究》，法律出版社 2008 年版，第 302 页。

② 李元：《中国城镇化进程中的征地制度改革》，载《中国土地》2005 年第 12 期。

③ 在上述背景下，联邦最高法院在“凯诺诉新伦敦市案”中判断土地征收合宪，联邦最高法院给出的三条判决理由包括，“促进经济发展传统上即属于政府的功能之一，无法与过去法院所支持的其他‘公共目的’类型区分”。参见高建伟：《美国土地征收中的“公共利益”》，载《美国研究》2011 年第 3 期。

④ 王利明：《论征收制度中的公共利益》，载《政法论坛》2009 年第 2 期。

公共利益即全部或者绝大多数人的利益,由于公共利益不能从形式上进行规范界定,城镇化过程中的商业开发便“不能简单地纳入公共利益的范畴,也不能武断地予以排除”,[①]区分标准是征地开发是否带来公众福利改善。[②] 我国宪法中的“公共利益”不应当从具体地块最终用途上解释,而是应当从整体土地征收利用分配制度上解释。现行制度取消土地所有权参与财富分配,排斥私人对级差地租垄断占有,城市发展过程中的剩余社会财富转为公共收入并用于公共支出,城市建设不仅能增加社会财富总量,而且具有财富再分配功能,实现公众福利改善。城市建设作为我国经济发展载体和社会建设目标,其本身就具有“公共利益”属性。1982 年宪法的重大意义之一是明确我国当前阶段的国家根本任务,“把国家的工作重点坚决转移到社会主义现代化经济建设上来。一切工作都要围绕这个重点,为这个重点服务。国家的巩固强盛,社会的安定繁荣,人民物质文化生活的改善提高,最终都取决于生产的法治,取决于现代化建设的成功。今后必须坚定不移地观察执行这个战略方针,除非敌人大规模入侵;即使那时,也必须进行为战争所需要和实际可能的经济建设”。[③] 针对此,《宪法》序言指明,“我国将

① 王利明:《论征收制度中的公共利益》,载《政法论坛》2009 年第 2 期。

② 与之类似的是,美国联邦最高法院在 1954 年通过的 Berman v. Parker 案中,“将范围狭窄、限制严格的‘公共使用’概念扩展到‘公共目的’概念”,在该案中,“华盛顿特区法律授权为开放旧城区而征收私有财产,在征收之后,政府可以将该财产出售或出租给开发商,只要他们遵守华盛顿特区政府所规定的发展规划”,道格拉斯大法官代表联邦最高法院撰写一致意见书指出,“公共福利的概念是宽泛和概括性的。它的表现形式既有精神上的,也有实体上的,既有金钱形式,也有美学形式。决定上还应当是美丽的、干净的、宽敞的而且治安状况良好的,这些都是立法权力的范围。如果哥伦比亚特区的立法者认为,美国的首都应当是美丽而又整洁的,第五修正案并不会阻挡他们的想法。”参见汪庆华:《土地征收、公共使用与公平补偿》,载《北大法律评论》2008 年第 8 卷第 2 辑。此处引用美国“Berman v. Parker 案”,仅仅是做一项资料性补充,完全没有用美国土地制度来考量中国土地制度合法性的目的,上述案例恰恰反映制度的复杂性,不可将某项制度规定抽离其依存的制度体系进行孤立解释。

③ 以上引自彭真同志作为宪法修委员会副主任委员,在 1982 年 11 月 26 日第五届全国人民代表大会第五次会议上所作的《关于中华人民共和国宪法修改草案的报告》。

长期处于社会主义初级阶段。国家的根本任务是,沿着中国特色社会主义道路,集中力量进行社会主义现代化建设……发展社会主义市场经济,发展社会主义民主……”

通观世界各国现代化历程,发达国家都经历过城市建设阶段,城市化水平既是衡量一个国家现代化程度的标志,也是推动一国经济建设的载体,还是改善民生的手段。[①] 在文化上,城市和乡村分别象征着“现代”与“传统”;在经济上,城市以工商业为主,产生经济集聚效应,具有比农村更高的生产效率;在社会制度上,我国城市也比农村具有更高的公共服务功能。作为后发国家,推动城市建设可促进我国经济社会全面发展,属于落实“国家根本任务”的必要手段。[②] 在此背景下,我国在改革开放之后就开始实施城镇建设战略,1998 年中共十五届三中全会通过的《中共中央关于农业和农村工作若干重大问题的决定》指出,“发展小城镇,是带动农村经济和社会发展的一个大战略”,十六大报告首次确立“走中国特色城镇化道路”,并将“城镇人口的比重较大幅度提高”列入“全面建设小康社会目标”。党的十八大以后,中央提出新型城镇化战略,确定城镇化与工业化、现代化和信息化“四化同步”目标。回顾改革开放以来的历史可以发现,我国政府一直是将城市建设作为发展经济、改善民生的中心工作在抓。

通过城市建设和城市发展,我国城镇常住人口由 1978 年的 1.7

---

① 《国家新型城镇化规划(2014—2020 年)》指出,“城镇化是伴随着工业化发展,非农产业在城镇集聚、农村人口向城镇化集中的自然历史过程,是人类社会发展的客观趋势,是国家现代化的重要标志”,我国推行城镇化的意义包括,城镇化“现代化的必由之路”“是保持积极持续健康发展的强大引擎”“是加快产业结构升级转型的重要抓手”“是解决农业农村农民问题的重要途径”“是推动区域协调发展的有力支撑”“是促进社会全面进步的必然要求”。

② 国家十五规划提出,“提高城镇化水平,转移农村人口,有利于农民增收致富,可以为经济发展提供广阔的市场和持久的动力,是优化城乡经济结构,促进国民经济良性循环和社会协调发展的重大措施。随着农业生产力水平的提高和工业化进程的加快,我国推进城镇化的条件已渐成熟,要不失时机地实施城镇化战略。”

亿增加到2013年的7.3亿,城镇化率从17.9%提升为53.7%,诺贝尔经济学奖得主斯蒂格利茨断言中国城市化是21世纪影响世界的两件大事之一。现行土地制度是推动我国城镇建设短期内取得巨大效果的重要原因,一方面,通过地租社会化的制度设置,将经济发展附着在土地上的剩余财富回收,解决城市建设资金的来源问题;①另一方面,我国采用政府主导城市建设模式,不对土地具体用途进行区分,采用统一征地供地方式,降低土地资源配置的交易成本,极大地提高了城市建设效率。社会学和经济学的实证研究表明,改革开放以来的城市建设,对于解决“三农”问题、促进经济增长和减少贫困,发挥了显著作用。②

世界银行与货币基金组织发布的报告显示,城市化一直是推动减贫的主要力量,“只有驾驭了城市化能够实现千年发展目标”。③ 正是在这个意义上,我国城市建设具备“公共利益”内涵。为进一步推动城市建设、扩大全体居民共享的现代化成果,我国当前加大实施以“人”为中心的新型城镇化战略,目标是“促进人的全面发展和社会公平正义”。以“人”为中心的城镇化并不否定征地制度,而是在遵循公共利益全民共享基本理念和“一切使用土地的组织和个人必须合理地利用土地”的《宪法》要求下,完善现行制度。对此,中央划定“坚持土地公有制性质

---

① 韩大元认为《宪法》规定“城市的土地属于国家所有”的必要性在于,“城市土地经过大量公共投资取得了巨大的区位优势,成为大量资金、商品和信息聚集和流动的场所,具有较高的使用价值,其任何特定地段,都是整个城市发展的有机组成部分,它的用途、价格取决于全社会发展公共设施、改良城市环境的投入,为保护公平竞争,应坚持实行国家所有并由政府妥善管理。”参见韩大元、李累:《试论我国宪法对土地所有权的调整》,载《法学家》1996年第4期。

② 参见胡鞍钢、胡琳琳、常志霄:《中国经济增长与减少贫困(1978—2004)》,载《清华大学学报》(哲学社会科学版)2006年第5期;陈锡文:《工业化、城镇化要为解决“三农”问题作出更大贡献》,载《经济研究》2011年第10期;胡鞍钢:《城市化是今后中国经济发展的主要推动力》,载《湖南社会科学》2003年第6期。

③ 连希蕊:《只有驾驭了城市化才能实现千年发展目标》,载《财经界》2013年第5期。

不改变”的土地制度改革创新底线。包含发展目标和公平目标的城市建设本身构成政府动用土地征收权的“公共利益”合法条件,乃是我国土地制度的特色之一。

第四节　超越“国有所有”的二元论

按照民法物权原则讨论宪法中的“国家所有”,通常会陷入“公权”抑或“私权”的争论,背后反映的是国家与市民社会二元论。尽管在市民社会中存在意思自治原则,包含公民对国家干预的“抵御”,但是不能忽视的是,市民社会本身也是在承认国家的前提下才能存在。前国家状态,就是前社会状态。人民订下契约(立宪)成立国家,从自然“丛林状态”走向社会法律秩序状态。维护市民社会秩序的民法物权法是对已经清晰存在权利的确认,但由于法律存在不完备性,在法律剩余领域就要发生利益争夺与无序。此外,技术发展和社会进步必然带来产权(所有权)变化,如此便产生自然资源等财物从“公共领域”向建立排他性产权的动力。为了避免争夺私权“无主”财物可能引发的“丛林状态”,国家保留对既有市民社会规则未尽领域的剩余控制权,我国《宪法》中的“国家所有”条款就是体现。宪法是建立财产秩序的基础,具有相对于民法的根本法地位,用民法原理无法完全解释《宪法》中“国家所有”的内涵。作为剩余控制权的“国家所有”也针对土地秩序作出规定。土地不能自发产生财富,土地所有权不应变成摄取社会财富的手段,我国经过新民主主义革命和社会主义改造运动,消灭了封建地权和土地私有制,实现了附着在土地上的财富社会化。而现代私有制国家通过财产税等方式实现了这一目标。在当前经济建设阶段,土地是城市建设的基础,规定“城市的土地属于国家所有”既包含增加社会财富总量的目的，也包含公平配置财富的内涵。土地资源合理利用（地尽其利）与剩余社会财富共享（地利共享）是我国土地制度的宪法目标，[①]现行制度基本实现了这一目标。

① 贺雪峰：《中国土地制度的宪法性质》，载《文化纵横》2013年第6期。

第五章　农村宅基地制度财产化改革陷阱

近年来，我国农村宅基地制度改革朝着财产化方向推进。农村宅基地财产化的重要表现是，农民除了拥有宅基地占有权利和使用权利之外，还有望获得对宅基地的处分权利。[①] 在法律上，财产权即物权，财产权功能是确定财产主体与财物对象的关系。在制度经济学中，财产权即具备排他性与可交易性的产权。农村宅基地改革上存在普世派与实践派两派观点。普世派一般参照欧美国家的土地制度，提出按照一般财产制度对我国农村宅基地制度进行改造，主张将其改造成为保护私人权利的财产制度。实践派则认为土地在我国不是私人财产对象，我国的土地制度原本就不是私有财产制度，宅基地财产权只在一定限度内

---

① 在"赋予农民更多财产权利"思路下，党的十八届三中全会《决定》拟定农村宅基制度改革方向，并提出"保障农户宅基地用益物权，改革完善农村宅基地制度，选择若干试点，慎重稳妥推进农民住房财产权抵押、担保、转让，探索农民增加财产性收入渠道"。基于我国"房地一体"的土地制度原则，放开农房抵押、担保和转让会连带造成宅基地使用权的抵押、担保与转让，这对于突破传统宅基地制度意义重大。

有意义。农村宅基地是当前土地制度改革上“折腾”最多的一块。本章将重新认识宅基地制度的初始意义,剖析一些流行改革观点与做法的逻辑混乱之处,最后落脚到完善农村宅基地制度建设方面。

第一节 我国农村宅基地的公有私用制度

农村宅基地属于允许农民在集体土地上建设自住性建筑以满足生产生活需求的一种特定用途土地。[①] 我国不存在单独成文的宅基地制度,作为一项制度集合,宅基地的制度属性需放在我国整个土地制度体系与土地管理体制中理解。制度经济学将产权理解为不同具体权利组成的“权利束”,宅基地制度是对宅基地上不同权利的安排。其中,集体所有权与农户使用权两种权利关系是我国宅基地制度所要处理的关键问题,也是当前制度改革的焦点。

一、公有制下的宅基地所有权

土地是经济社会发展的基本物质基础,土地所有制是土地权利制度的根本前提。现代社会的土地制度可分为私有制与公有制两大类。在私有制国家,土地可被私人拥有并可用于市场交易。在公有制国家,土地为公共所有,取消私人土地所有权并禁止土地自由买卖。区别土地公有制与私有制的关键不在于形式上土地为个人拥有还是政府拥有,区别在于拥有者能否按照一般私有财产物处置原则对土地进行处

---

① 从土地用途分类上来看,宅基地属于建设用地的一种,从法律属性上看,宅基地与城市建设用地以及其他类型建设用地皆不同,“宅基地”包含独特法律属性。宅基地制度是我国独有的一类土地制度,作为当前研究焦点的“宅基地使用权”亦为我国所独有。参见王利明:《物权法研究》(下卷),中国人民大学出版社 2007 年版,第 190 ~ 192 页。

置。我国的集体经济组织与政府都是作为政治主体拥有公共土地,且国家所有与集体所有因包含政治权利特性而与一般民事财产权相区别。

农村土地集体所有是土地公有制的一种实现形式,集体所有首先属于所有制概念。与一般私有财产物上的所有权不同,集体在土地上只拥有占有、使用和收益权利,而并无向集体之外处分土地的权利。一项完整所有权,既确定财产主体的排他性占有,又赋予财产主体处分财产的权利。集体土地所有权是生产资料集体所有制的法律实现形式,其本质是一种对外排他、对内配置资源管理土地的权利。集体所有权属性由我国整体土地管理制度决定。与私有制社会中通过市场手段配置土地资源不同,我国农村土地资源是通过一套政治组织体系实现有效管理。土地公有制的最高实现形态是全民所有。从管理过程上来看,在全民组成的政治团体(国家)内进行土地资源配置、使用和管理,需要较高成本。我国农村采取集体所有这种公有制形式,实质是将全民分解为一个个"小公"性质的集体经济组织,并将土地权利赋予这些团体。

一方面,在现有土地管理体系下,每个集体经济组织都享有一部分土地的所有权,实现对土地生产资料公平占有。另一方面,集体所有土地本质是国家分配的结果,因此需禁止集体经济组织将土地用于交易。现实中,除集体经济组织合并和行政建制变革等少数情况外,土地所有权在集体之间不发生变动。集体土地所有权通常的变动方式是通过土地征收将其变为国有。

20 世纪 80 年代以后市场经济发展深入,土地的市场化需求出现,为适应发展要求,我国开始实施城镇建设用地有偿使用制度。在坚持土地公有制原则下,允许土地使用权转让。1988 年修改后的《土地管理法》规定:"国有土地和集体所有土地的使用权可以依法转让。土地使用权转让的具体办法,由国务院另行规定”。这在实践中产生一个矛盾,若集体土地的使用权也可以转让,那么城市建设和经济发展必然带来近郊农村土地价值大幅上升。土地市场价值是社会财富的显现,这将意味着经济社会发展的好处将由近郊少数农民享有,这些农民通过集体土地使用权转让即可不劳而获地享有社会财富,实质成为土地食利者,与我国土地公有制“宪法原则”不符。[①] 另外,城市近郊土地非农使用相对于农业使用产生巨大级差地租,必然激励农地向建设用途转化,既不利于保护耕地,也会扰乱城市房地产市场。

针对以上问题,随后 1994 年出台的《城市房地产管理法》以及 1998 年修改后的《土地管理法》,都规定只有拥有国有土地使用权才可将土地依法出让转让为城镇建设用地。相关法律关闭了农村集体所有土地进入城市建设用地市场之门。这样一来,《宪法》关于土地使用权可依法转让的规定,在集体所有土地上就具体化为,耕地的承包经营权可依法流转(包括转让),其他农用地以及未利用地使用权也可通过“四荒”承包办法流转(包括转让)。农村宅基地禁止单独转让,不过集体组织内部房屋转让行为不被禁止,宅基地使用权转让在集体内部实际发生。通过对集体土地使用权进入城镇建设用地市场的限制,实现国家垄断城镇土地一级市场,城市发展带来的土地升值由国家获得,通过土地“涨价归公”制度实现地利共享目标。这一制度意味着农村集体所有土地不具有参与城镇建设用地市场的财产性。农村宅基地尽管在土地用途分类中也属于建设用地,但它作为集体所有土地而丧失参与房地产市场功能。这就决定了农村宅基地的财产性与国有建设用地的财产性完全不同。

---

① 《宪法》规定生产资料社会主义公有制,消灭人剥削人制度,表现在土地上就是取消土地私人所有,避免出现私有制下的土地食利者。

二、土地管理与宅基地使用权

集体所有既不属于全民意义上的公有,也不属于个体私有,集体经济组织中的每个成员有资格公平享有集体土地权利。集体土地资源配置上具有对外排他性与对内公共性,集体所有权行使实质是建立一套集体成员间利用稀缺资源的规则。我国农村土地在社会主义实践中没有走向全民所有,而是在人民公社时期确定为“三级所有、队为基础”,原因是资源公共管理的难度随着集体边界扩大而提高。① 农村土地若是实行国家化,就会破坏以村庄熟人社会为基础的集体组织内部土地管理模式,造成土地管理成本增加。

土地管理要解决劳动者与生产资料之间的关系问题。集体所有制本质是国家作为全民“大公”团体委托集体组织管理农村土地,农民在集体那里获得相关土地权益。在农地方面,人民公社时期家庭作为基本生产单元被取消,农民参与集体生产和分配而享有农地权益,实施家庭联产承包责任制之后,家庭恢复为基本生产单元,农地上发展出“所有权归集体、使用权归农户”的两权分离制度,解决集体所有与分散利用间的矛盾。与农地相似,宅基地上也存在公有与私用之间的矛盾。在宅基地方面,合作化运动没有取消农民房产的私有性,宅基地集体公有、农户私用的情况一直存在。公有私用制度需要解决的关键问题是,相对稀缺的集体土地资源如何得到高效利用,以及农户权益如何保护并保障公平。在宅基地资源配置方面,我国逐步形成“按需供给、一户一宅、无偿分配、长期使用”的制度规则,在此基础上产生私用性质的宅

① 1982 年修订《宪法》时,有人主张实行全国土地国有化,该主张没有被采纳,最终采取农村土地集体所有、城市土地国家所有的方案。参见肖蔚云:《我国现行宪法的诞生》,北京大学出版社 1986 年版,第 42 ~ 44 页。

基地使用权。

20 世纪 80 年代之后，宅基地使用权逐渐作为一项私有产权被确认。《物权法》规定其为在集体所有土地上设置的一项用益物权。从权利产生过程来看，宅基地使用权由集体成员以户的形式从集体无偿获得，成员的身份资格是其获得宅基地使用权的条件，这种身份性内涵造成宅基地使用权与一般他物权存在差别。我国先后两次发布的“国家人权行动计划”将保障居住权列入人权范围，规定保障农民的宅基地使用权属于“基本生活水准权利”。基于土地集体化与户籍制度等，当时农村集体承担社会管理与社员社会保障的全部公共职责，宅基地使用制度是其中之一。改革开放以后，城镇土地市场逐渐放开，20 世纪 90 年代我国启动城市职工住房改革，城镇居民开始通过城市房地产市场满足住房需求，城镇低收入群体逐步纳入城镇住房保障体系。同期农村住房依然不具有房地产性质，农村宅基地继续承担满足农民“居有所居”的保障功能。承认宅基地的社会保障功能，即意味着宅基地使用权不纯粹是用益物权，它还属于社会法规范对象。[①] 因此，相关法律规定农民只享有对宅基地占有和使用的权利，禁止宅基地使用权单独成为交易对象。

宅基地使用权赋予农户占有使用特定集体土地资源的权利，宅基地使用权是集体土地管理制度的产物。《土地管理法》《关于加强农村宅基地管理的意见》等法律政策规定宅基地审批程序的两个环节，分别是向集体申请与上报政府审批。第一个环节主要是解决公有土地资源配置问题。根据《村民委员会组织法》第 24 条的规定，“宅基地使用方案”需“经村民会议讨论决定方可办理”。由村民民主决议方式决定农户申请是否通过，体现集体土地所有权的行使方式。集体内部宅基地

① 郑尚元：《宅基地使用权性质及农民居住权利之保障》，载《中国法学》2014 年第 2 期。

按需供给制度有可能造成宅基地低效利用,在政策制度中需处理宅基地制度社会保障性内涵与珍惜合理利用土地的关系。在少占耕地情况下,用有限资源尽可能满足农民的居住需求,体现宅基地制度的地尽其利内涵。集体管理有效,则有限资源不仅能够公平分配,而且能够得到合理利用,实现效用最大化。集体组织管理不力则会造成资源浪费且分配不公。

1990年国务院转批的《关于加强农村宅基地管理工作的请示通知》提出,进行农村宅基地有偿使用试点工作。之后的试点过程中,出现基层管理部门借宅基地审批乱收费情况,增加农民负担,1993年中共中央办公厅、国务院办公厅《关于涉及农民负担项目审核处理意见的通知》终止宅基地有偿使用制度的,2015年开始的深化农村土地制度改革试点工作中又包括探索宅基地有偿使用的内容。设计宅基地有偿使用制度目标是通过宅基地使用成本激励资源有效利用,但在操作中存在有偿使用标准不易确定的难题。

宅基地使用权还包含土地资源的利用过程受到限制的内涵。农户申请宅基地需政府审批,且由相关主管部门下达"两书一证"之后,才能进入建房环节。政府行政管理主要发挥土地用途管制与建设规划管制功能。为了保护耕地资源,宅基地在土地分类体系中被纳入建设用地范畴,2004年国务院下发的《关于加强农村宅基地管理的意见》规定,申请宅基地首先使用村内空闲地、未利用地和老宅基地,土地用途管制主要是为控制农村建房占用耕地。在土地利用上,宅基地是包含特定用途规定的一种土地资源,政府批准农户获得集体特定地块用于"建设住宅"。分配给农民宅基地主要是满足他们的自居自用需求,一般不用于经营性开发。由于农民的个体建房行为会影响整体村庄面貌,因此政府还要进行建设规划许可,对农民利用宅基地过程进行管理。《城乡规划法》规定,"乡、村庄规划区内进行……农村村民住宅建设……由城市、县人民政府城乡规划主管部门核发乡村建设规划许可证”，并规定“建设单位或者个人在取得乡村建设规划许可证后，方可办理用地审批手续”。农民建房规划许可起到促进村庄面貌改善的功能。宅基地使用权是农户从集体获得的一种使用方式受限的公地利用权利。

设置农村宅基地使用权包括集体分配与政府审批两重程序。普通用益物权设置充分体现民法意思自治原则，一般满足“合意”与“公示”两个要件。[①] 部分学者认为宅基地使用权是在集体所有土地上所设定的权利负担，仅需集体经济组织作为所有权人同意即可，没有必要经过政府行政许可。[②] 这种看法忽视了宅基地作为自然资源接受政府公共管理的性质。《行政许可法》第 12 条规定行政许可事项，包括：“有限自然资源的开发利用、公共资源配置。”宅基地涉及有限土地资源利用，私人意志不构成设置宅基地使用权的充分条件。按照《土地管理法》的规定，集体经济组织作为土地所有权人向农民分配集体土地资源之后，还必须经过“县级人民政府批准”才产生合法的宅基地使用权。

三、公有与私用在制度上的平衡

宅基地作为一项满足农民生产生活需求的基本生产资料，必须要分配给农民利用才能够体现其价值，这便造成宅基地集体所有与农民分散利用之间的矛盾。公有与私用的关系是决定我国土地制度设置的主要矛盾。现有宅基地制度备受批评的一点在于，尽管法律确认宅基地使用权为私有产权，却只赋予“宅基地使用权人依法对集体所有的土

① 王利明：《论他物权的设定》，载《法学研究》2005 年第 6 期。

② 高圣平、刘守英：《宅基地使用权初始取得制度研究》，载《中国土地科学》2007 年第 2 期。

地享有占有和使用的权利”，并规定“宅基地使用权的取得、行使和转让，适用土地管理法等法律和国家有关规定”(《物权法》第152、153条)。当下流行宅基地财产化改革话语的最终目标是，实现宅基地使用权自由转让，进而将宅基地变为农户可自由处置的一般私有财产物。[①]

推进宅基地制度改革的关键一点是，维持宅基地集体所有权与农户使用权的平衡关系，避免宅基地使用权过度扩大而抽空虚置集体所有制，变相走向土地私有化。土地公有制形成我国自上而下的一套土地管理模式。国家将公有土地分解为城市国有与农村集体所有两种形式，农村土地管理权交付给集体经济组织，集体内部依靠民主自治机制实现对土地资源的公共管理。包括宅基地、农地在内的土地使用权是集体成员公平享有公有土地权益的体现。在这套管理体制下，公有制包含成员身份内涵，公有土地通过身份资格转化为个体权利，个体占有和利用土地的权利是生产资料公有制的实现。集体组织内部的民主管理机制将土地公有与农民私用沟通起来。这种公有生产资料通过自上而下的管理方式配置给农户私人占有使用，并维持集体所有权与农户使用权相对平衡关系的制度，可称作土地“用益”制度。

土地“用益”制度与物权法中的用益物权制度性质不同，后者是建立所有权人与使用权人间的平等民事权利关系，用益物权设定一般以意思自治和公平对价为要件，而“用益”制度具有较强的分配性，公有主体与私用主体间存在政治关系。用益物权本质是私有制下的一种财产权形式，而保持公有与私用平衡关系的“用益”制度本质是解决集体公有与农民分散使用之间矛盾的一种制度形式，后者的主要功能是保障农户使用特定土地的排他性，建立集体内部资源配置规则，不包含一般

---

① 高圣平、刘守英:《〈物权法〉视野下的〈土地管理法〉修改》，载《中国土地科学》2008年第7期。

财产物的市场交易功能。

第二节 农村宅基地财产化改革主张及其辨析

一、制度变迁中的宅基地财产权兴起

从2000年左右开始,有关农村宅基地制度的讨论中引入了财产权概念。主张宅基地制度必须改革的人认为,现有宅基地制度造成土地资源浪费并限制资产变现。与之对应,形成了指向土地资源保护与增加农民收益的两种宅基地财产化改革主张。

(一)指向资源保护的宅基地财产化主张

当前快速城镇化占地与耕地保护目标发生冲突,一方面要坚持耕地红线;另一方面是发展经济和进行城市建设时必须占有部分耕地。保护耕地、提高资源利用效率就成为我国土地管理工作的核心内容之一。1997~2008年,我国农村人口减少14%而村庄用地反而增长4%,显示农村土地利用的低效。[①] 另有中国科学院一项研究报告显示,我国农村空心村整治存在1.14亿亩潜力,实现城乡统筹的远景理论潜力是1.49亿亩,反映了农村宅基地复垦的巨大潜力。[②] 在保护耕地基本国策与坚守耕地红线的政策目标下,农村宅基地变成了潜在的耕地资源。

20世纪80年代我国确定珍惜合理利用每一寸土地的基本国策。1986年最早颁布的《土地管理法》规定:"各级人民政府必须贯彻执行十分珍惜和合理利用土地的方针,全面规划,加强管理,保护、开发土地

① 王旭东:《中国农村宅基地制度研究》,中国建筑工业出版社2011年版,第125页。

② 黄文山:《填补"空心村"整治政策空白》,载《中国土地》2012年第11期。

资源，制止乱占耕地和滥用土地的行为。”1998 年修改的《土地管理法》将珍惜和合理利用每一寸土地的基本国策操作为土地用途管制制度，开始编制土地利用总体规划，将土地分为农用地、建设用地与未利用地三类，控制建设用地总量，对耕地实施特殊保护。土地用途分类管理制度的意义在于，限制农用地向建设用地转化，促进未利用地开发为农用地。该目标通过两项具体制度设计实现。

一是新增建设用地年度计划指标制度。为落实建设用地总量控制，国土资源部每年下达一定量的新增建设用地指标计划，地方政府获得指标才能从事建设，从源头上限制滥用耕地行为。1998 年修改的《土地管理法》将农村宅基地与城市建设用地统一纳入“建设用地”管理范畴，审批农村宅基地占用农用地也占用下达给当地政府的年度计划指标。国土资源部在 2004 年出台的《关于加强农村宅基地管理的意见》规定：“省（区、市）在下达给各县（市）用于城乡建设占用农用地的年度计划指标中，可增设农村宅基地占用农用地的指标……县（市）国土资源管理部门对新增耕地面积检查、核定后，应在总的年度计划指标中优先分配等量的农用地指标用于农民住宅建设。”农村宅基地与城镇建设占地共享建设用地年度指标，将宅基地与城市建设用地捆绑在一起。

二是耕地“占补平衡”政策。1997 年 4 月出台的《关于进一步加强土地管理切实保护耕地的通知》提出“实行占用耕地与开发、复垦挂钩政策”，具体指：“非农业建设确需占用耕地的，必须开发、复垦不少于所占面积且符合质量标准的耕地。”在此基础上逐步形成“占一补一”“先补后占”“质量对等”的“占补平衡”政策。该政策倒逼地方政府建设与农民建房减少占用耕地，强制要求占地主体进行耕地开发。耕地“占补平衡”政策目标是在城乡建设不可避免的情况下实现耕地动态平衡。

落实“占补平衡”政策主要靠开发未利用地、荒地以及闲置地等耕地后备资源。废弃村庄、“空心村”等也属于耕地补充来源。城乡建设统计公报显示,包括宅基地在内,我国农村现状用地约2亿亩,农村人口逐步进城将带来农村建设用地复垦为耕地的巨大空间。农村宅基地作为耕地后备资源进入政策制定者视野。这方面的问题在于,农村宅基地复垦耕地较一般耕地开发的难度大、成本高,地方政府缺乏相应的积极性。为调动地方政府复垦农村建设用地,国土资源部设计出"城乡建设用地增减挂钩"政策。2004年国务院第28号文首次提出"鼓励农村建设用地整理,城镇建设用地增加要与农村建设用地减少相挂钩",2008年国土资源部下发第138号文件,对"增减挂钩"政策作详细规定。该政策能够激励地方政府的原因在于,在项目范围内,减少农村建设用地不单能够增加耕地,而且可将节余建设用地转化为建设用地指标,扩大地方政府用地规模。实施"增减挂钩"政策,不仅可以使中央达到保护耕地的目标,而且地方政府也可以突破建设用地指标紧张的局面,一举两得。

实施"增减挂钩"需要农民退出宅基地,因此,该政策关键是如何体现农民利益。一些地方政府运用行政手段强制农民退出宅基地,出现赶农民上楼的情况,违背保护农民权益的政策要求。以成都市、重庆市为代表的部分地区,将"增减挂钩"政策与"城乡统筹"结合起来,村庄整治、集中居住等形式让农民退出部分宅基地所产生的建设用地指标,可获得价值补偿。成都市补偿标准高达每亩二三十万元。农村宅基地所包含的建设用地指标财产性,被一些学者视为重大制度创新,并总结说,"这场改革是参照城镇居民在市场经济框架下已获得的合法转让权……不但要把农村集体土地的使用权、经营权还给农民,而且要把由此派生出来的转让权,也还给农民,赋予农村产权以更为全面和多样的内涵"。[①] 在多重制度的综合作用下,农村宅基地超越建设用地的级差

① 北京大学国家发展研究院综合课题组:《"新土改"成都实践》,载《西部大开发》2011年第2期。

地租规律,偏远地区农村宅基地也具备价值,产生一种特殊形式的农村宅基地财产权。这种财产权与我国耕地保护政策密切相关,只在特定政策背景下有意义。

(二)指向增加农民收入的财产化改革主张

土地能否成为私人财产对象,首先取决于土地所有制。在土地私有制社会中,土地理所当然允许成为私人财产物,个人在土地上的权利属于受法律保护的不动产财产权。我国实施土地公有制,讨论宅基地财产权问题时不宜忽视它的宪法性规定。随着宅基地物权化改革推进,宅基地属于不动产的观点广为大众接受,宅基地财产化改革与农民致富和城乡统筹联系起来。周其仁指出,造成中国城乡差别的重要原因是城乡居民的家庭财产性收入的差距,并以 2008 年的情况为例说明,指出当年农民家庭的财产性收入占到家庭总收入约 6%。与农民不同,城市居民所拥有的房产可随城市资本和房地产市场发展而升值获得较多财产性收入。通常的看法是,农民只有很少财产性收入不是因为农民不拥有财产,而是与现有的土地制度有关。农民不仅拥有农业土地、林地、水资源和土地下面的矿产资源,而且拥有全国一半的建设用地这种市场价值最高的土地,农民所拥有的资产总量很大,周其仁指出现在的问题在于,“这些资产不能像城市居民拥有的资产一样发挥收入的功能”,“农民占有这个资源只有使用的权利、占有的权利,他没有商业利用的权利或者转让的权利”,致使“庞大的农民家庭拥有的资源就是一种私的资产”。[①] 当前流行着一种通俗的说法是,农民“端着金饭

① 在推动土地制度财产化改革方面,周其仁教授的观点具有代表性,以上关于农民通过土地财产化改革增加收益的主张,来自周其仁教授的研究。参见周其仁:《增加中国农民的家庭财产性收入》,载《农村金融研究》2009 年第 11 期。

碗讨饭”。因此,改善农民收入状况最直接简单的办法就是,改变现有农村建设用地(宅基地)的“用益”制度,赋予农民自由处置土地的权利,扭转农民拥有的资产量与其收入功能不对称现象。[①]

指向增加农民收入的财产化改革主张,通常关注征地拆迁问题。政府实施的征地拆迁行为能够消灭宅基地集体所有权、农户使用权与房屋所有权。征地拆迁集中体现国家公权力边界与私人财产权受保护情况。抛开征地拆迁的复杂的法理问题来看,对该问题的讨论最终聚焦于农村宅基地作为建设用地,能否不经过征地程序享有与国有建设用地同等入市的权利。从这个角度提出宅基地财产权,指向宅基地宪法性规定是否坚持。城市建设用地需求是由城市发展带动的,即整体经济社会建设的结果。指向宪法性规定的宅基地财产权问题,本质涉及社会财富如何分配,这一直是土地制度改革争论的焦点。理论中形成了通常所说的“涨价归公”与“涨价归私”两种主要观点。针对征地拆迁制度、城乡建设用地差别提出赋予农民宅基地财产权的改革主张,一般持有“涨价归私”观点。

政策界较早在此意义上提出宅基地财产权的人是原国土资源部副部长李元。2001 年国土资源部几个部门在苏州市联合召开土地制度创新座谈会,李元在讲话中提出保护农民的土地财产权是土地制度创新的核心,并谈及建立城乡建设用地统一市场,承认农村建设用地包括宅基地在内的具备入股、联营、抵押和继承的财产权能。[②] 李元将农民的土地财产权定位为承认农民分享社会发展成果。所谓宅基地入股、联营等,就是绕过征地制度直接进入城市建设用地市场。这种做法在沿海发达地区和一些试点地区。

---

① 周其仁:《增加中国农民的家庭财产性收入》,载《农村金融研究》2009 年第 11 期。

② 李元:《保护农民的土地财产权》,载《中国土地》2001 年第 3 期。

周其仁是学界中持续关注该问题的代表性人物。周其仁一直对我国征地制度持批评态度,他曾从减少社会冲突角度分析广东南海等地区农村建设用地变相入市做法的优点,从中得出取消征地制度的政策建议。[①] 征地本身反映的是财富分配,征地过程中政府与农民发生博弈甚至冲突,实际具有争夺利益的性质。减少冲突的办法是规范征地过程和实施合理补偿,而非取消征地制度。刘守英也重点关注了这个问题,他分析北京市郑各庄的案例,提出取消征地制度的"农村自主城市化"道路。[②]

这个意义上的宅基地财产权致力于打破国家垄断城镇建设用地一级市场制度,指向"农地农房"入市,触动作为我国土地制度根基的公有制。这种指向的财产权尽管目前被最多讨论,但暂时还没有变成全面政策实践。当前正推行的农村经营性建设用地在符合规划条件下直接入市的试点,也仅限于经营性建设用地,不包括农村宅基地。

二、宅基地财产化改革的理由辨析

坚持宅基地财产化改革主张的人认为,所谓的资源浪费与资产浪费问题皆与禁止宅基地交易制度有关,因此,改革核心是将宅基地公有私用制度改造成为一般私有财产制度。这类改革做法不仅与我国整体土地管理体系相冲突,而且持这种观点的人对宅基地问题的认识本身也不准确。

首先,从资源角度来看,数据显示我国农村建设用地面积扩大,证明农村宅基地资源利用不集中、节约。造成该问题的原因很复杂,包括农民生活方式与居住习惯变化、集体管理土地力度不够、政府政策执行

① 周其仁:《农地产权与征地制度》,载《经济学》(季刊)2004 年第 4 卷第 1 期。

② 刘守英:《集体土地资本化与农村城市化》,载《北京大学学报》2008 年第 6 期。

能力不足等。农村建设用地面积扩大会占用耕地资源,一方面是农地产值较低;另一方面是农民产生新的建房需求,在此形势下集体经济组织与基层政府若是缺乏土地管理的动力与能力,必然会造成耕地向宅基地转化。我们在调查中发现,农村税费改革以来大部分地区的基层治理能力弱化,表现在农村宅基地管理上,县乡村组织在土地用途管制和建设规划控制上的普遍失职。农村宅基地公有私用的"用益"制度,原本就包含集体内部公共治理与政府管制的内涵,基层治理能力弱化与村民自治机制失能,造成土地政策执行不力并带来农村宅基地资源管理利用问题。也就是说,农村宅基地上存在的问题,不是单纯财产权所能够解释的。

其次,农村宅基地的资产价值在不同地区存在极大差异。我们调查发现,浙江绍兴地区一块获得建房许可的农村宅基地,在私下市场中的价格为几十万元至百万元不等,而湖北省江汉平原的一般农村中"搭地卖房",一块宅基地(包括房屋)连同几亩耕地,只能卖出几万元价格。绍兴地区城乡一体化程度高,不仅农村基础设施健全而较城市环境优美,当地富人群体都愿意在农村居住,带来农村宅基地需求旺盛和宅基地价格高涨。江汉平原所代表的一般农业型地区,城乡差距大,农民具有强烈的进城动力,农村宅基地除了一小部分村内交易之外,只能吸引更加偏远的山区农民购买,如江汉平原的"搭地买房"者基本是湖北西部山区农民。以上所举两地区情况显示了宅基地私下市场的地区差异,绍兴所代表的东部发达地区农村和城郊村不超过全国农村规模的5%,江汉平原所代表的一般农村占全国农村的95%。宅基地市场价值是地租资本化的反映,建设用地因位置差别而产生级差地租,一般农业型地区农村中普遍存在的"耕地换宅基地"一类民间行为表明,宅基地市场价值与耕地相同。因此,宅基地资产属性只在少数农村地区存在。

我国约有2亿亩农村建设用地,住房城乡建设部公布的建设统计资料显示,我国城市建成区面积从2004年的4545万亩扩大到2013年的7185万亩,十年间共扩大2640万亩。过去十年是我国“土地城市化”最快时期,当前已经确定我国不再奉行“摊大饼”式城市建设思路,未来建设用地供给主要靠挖掘存量潜力。这意味着农村建设用地进入城市开发的可能性较小。并且,如果允许农村建设用地进行经营性开发,反而会增加近郊村的土地管理难度,不利于控制“城市边界”。

近年来国土资源部出台的城乡建设用地增减挂钩政策,一定程度上突破了宅基地市场价值受地理位置决定的规律限制。为破解城市扩张占地与耕地保护的矛盾,国土资源部下文规定,在批准范围内减少农村宅基地即可等量获得城市建设用地指标。为激励农民复垦宅基地,各地政府规定对复垦所产生的建设用地指标给予一定补偿。一批学者十分关注重庆实施“地票”交易形式,认为市场机制可实现宅基地财产性。[①] 这实际是混淆“地票”价格与宅基地市场价值。重庆市的“地票”所交易的是建设用地指标,而非土地本身。“地票”是城乡建设用地增加挂钩政策所产生的一种农村建设权利向城市转移的凭证,“地票”价格是农民转让建设权利所获得的补偿。建设权利本身是政府管控的结果,国土资源部每年下达一定量的“建设用地指标”,造成地方建设受限,并通过增减挂钩政策将这种稀缺性传递到农村宅基地上,致使偏远地区农村宅基地产生高于一般农地的财产价值。反过来看,如果取消政府管控并允许“农地农房”入市,城市近郊农村土地可直接进入城市建设用地市场,偏远地区农村的宅基地指标则丧失市场价值。“地票”制度中宅基地所显示的交易价值恰恰是政府管控的产物,“地票”交易平台等市场手段只是表象,没有交易价值的物品并不会因为进入市场而产生价值。

---

① 周其仁:《城乡中国》,中信出版社2013年版。

三、农村宅基地财产化改革的陷阱

农村宅基地管理中出现的另一个问题是集体组织内部公有资源无效配置,例如,有的家庭超占、多占宅基地,有些家庭的宅基地权益得不到保障。村庄内部出现了宅基地闲置与宅基地资源紧张两种情况并存的局面。这反映出公有与私用制度的矛盾。随着城市化推进与农村人口流动加剧,这类问题将会越发严重。当前一部分学者主张宅基地财产化的目标之一是通过引入市场机制解决上述问题。

反对者反驳这类主张最常见的理由是,从集体无偿获得的宅基地具有社会保障性质,不能用于交易。[①] 实际上,纵然是放开宅基地市场也不能解决资源配置问题。首先,从集体内部来看,不仅现有制度承认宅基地使用权随房屋可在本集体成员之间转让,而且宅基地私自交易行为在农村也较为普遍,所以制度改革对于集体内部市场影响不大。其次,从村庄之间来看,跨集体边界的宅基地交易,一般发生在条件较差地区的农民向条件较好的农村的转移过程中,例如,山区农民搬迁到平原地带,或者是交通不便村庄的农民到集镇、城市附近购买宅基地并定居。放开农村宅基地交易政策,对于这种类型的宅基地交易市场影响较大,会带来交通条件好以及城镇周边地区宅基地市场的活跃。这与城市附近的"小产权房"性质相似。市场手段只在少数地区有效,广大一般农村地区的宅基地资源配置依然要靠集体管理方式完成。

宅基地配置本质是集体公有土地资源管理问题,宅基地财产化改革主张不仅无效而且会破坏既有管理方式。公有与私用的矛盾当前主要是通过集体内部公共治理机制解决,具体而言,是依托村民自治行使集体所有权。《村民委员会组织法》规定村民自治组织承担土地管理职

---

① 孟勤国:《物权法开禁农村宅基地交易之辩》,载《法学评论》2005 年第 4 期。

能。村民自治组织所具备的宅基地管理职能之一是实施宅基地资源分配,包括向符合条件的农户划分宅基地、依法收回闲置宅基地进行再分配或者组织复垦。这意味着,在公有土地上设置宅基地使用权必须通过村民自治程序。村民自治的另外职能是管理农户利用宅基地建房。很多地方农村规定农民向政府申请建房,需征得四邻同意并由小组长签字,之后才能获得政府的规划许可。四邻意见与村镇建设规划共同规范宅基地“私用”过程,体现宅基地的“用益”性质。

农户建房必须受到规制的原因在于,建房行为具有外部性,唯有征得四邻同意才能建立良好相邻关系并促进社会和睦,符合村镇规划的建房行为可促进整体村庄面貌改善。宅基地的“用益”性质决定农户不具有占有和利用宅基地的绝对权利。宅基地财产化改革会强化农户在宅基地上的排他性,扩大“私用”的自主性,会破坏公有与私用的平衡关系。既有的集体内部宅基地公共治理制度与村民自治机制,以公有与私用平衡关系为基础。若宅基地变为私人财产,则集体配置宅基地资源的“公有”基础丧失。若农户具有完全自主性的“私用”权利,则会破坏农民建房方面的自主合作机制,造成村庄建设的“集体行动困境”,进而增加政府管控成本。

既有的一户一宅、多余宅基地收归集体等制度设置已经具备资源管理功能,产生当前问题的主要原因是村民自治机制没有真正发挥作用,改革的方向应当是促进政策严格执行。宅基地财产化改革主张的实质是取消宅基地“公有”制度,进一步瓦解村民自治机制。从“私用”环节看,宅基地财产化改革将强化一家一户的自主权利,破坏现有制度下的村民合作机制。财产化改革主张所设想的市场机制,既不能解决宅基地资源配置问题,也不能普遍增加农民财富,反而会破坏现有制度基础,陷入宅基地改革的财产权陷阱。

第三节 城镇化进程中农民宅基地权利的实现

按需供给、一户一宅的农村宅基地制度与传统农村稳定结构匹配。基于户籍制度,每个农民通过户口确立与某个集体的关系,全部农民被划分到一个个集体组织中,同时农村土地也以集体组织为单位确定地域边界,形成农民以集体形式占有和使用公有生产资料的方式。当前城市化造成农民在生产生活上对集体组织的依赖程度降低,相当一部分人只保留当地村庄户籍,长期生产生活在城市,这就造成离地农民所享有的土地权益不能实现。目前,农地方面正在推行的"三权并行分置"改革正是为了解决类似的"人地分离"问题。该问题在宅基地上表现为,宅基地"私用"方式与城市化不匹配。城镇化过程中农户"私用"权利的实现,存在两种可供选择的改革思路。

一、放开宅基地市场的思路

主张宅基地财产化改革的人将交易宅基地当作农民实现宅基地使用权的方式,他们认为,赋予农民处置宅基地的权利后,理性的农民可选择是交易还是保留宅基地,有利于宅基地财产价值变现和促进农民进城。持此思路的人,主张宅基地制度朝着私有化方向调整。①

坚持此类观点的人忽视了级差地租规律,用城市中心商业区的土地价格去想象农村宅基地市场价值,陷入"财富幻觉"中。绝大部分一般农村的宅基地并无高昂市场价值的道理并不难理解,但是卖宅基地

① 杨小凯:《中国土地所有权私有化的意义》,载 http://www. aisixiang. com/data/425. html,最后访问日期:2017 年 1 月 28 日。

可让农民致富的观点却十分流行。对此,原中央农村工作领导小组办公室主任陈锡文明确提出了批评。2015年"两会"期间,陈锡文就农村宅基地制度改革问题回答《新京报》记者的提问,针对宅基地自由入市的主张,陈锡文说:"很多事说得好听,其实醉翁之意不在酒。很多人并不是真在替农民想,而是想自己到农村弄块地、盖个房。他们不知道在北京城里一个房子值多少钱吗?县城一个房子值多少钱,农民卖一个房子又值多少钱。卖完了你叫农民怎么去城里安家,缺的钱谁给?"对于农民通过卖房进城的观点,陈锡文又说:"谁以为把家乡的房子卖掉,进城就可以当城里人,那一定是上了大当。农村宅基地就算卖了也值不了几个钱,到时候回又回不去,城里又买不起怎么办?全世界的城镇化都是一个自然的过程。比如说以前很多宁波人、江北人都是一个人到上海打工,慢慢有条件了,再把全家接过去。一个农民一个家庭真正挪到城里,没有三四代做不到。"①

陈锡文的回答中包括三点内容:一是大部分农村宅基地不值钱;二是通过卖房推动农民进城的做法不可取;三是宅基地自由入市的改革主张不是为农民考虑。陈锡文的看法较为客观。放开宅基地自由入市,有可能切断进城失败农民返回农村的退路,且允许城市居民到农村购买宅基地与城市化目标违背。

二、强化宅基地公共管理的思路

从根本上来讲,城镇化水平要取决于整体经济社会发展水平,在中国未走出"中等收入陷阱"之前,将农村宅基地当作农民进城的退路,发挥土地的社会保险功能,是对城市化与宅基地制度改革关系的战略考

---

① 陈锡文:《农民以为卖房就能进城那是上了大当》,载 http://www.snzg.cn/article/2015/0313/article_40657.html,最后访问日期:2017年1月28日。

虑。既然农村宅基地充当保险工具,则必然会损失一些制度成本,如成功进城买房农民的农村房屋出现闲置情况,以及当前更普遍的农村住房“季节性闲置”情况。宅基地上的住房是农民投资建设的,属于农民私有,当前很多地区农村建房成本已经上升到20万元以上,还有少数发达地区农村建房成本接近100万元。对于绝大多数农民而言,建一栋房子需要花费全家储蓄,建房属于大额家庭支出。农村宅基地禁止入市制度,连带造成农房不能(跨村)交易,致使部分进城农民的房产价值不能变现。房地矛盾真实存在。

在城镇化快速推进以前,农房自住功能与农村相对封闭状态相适应。当前房地矛盾反映农房私有性与农村宅基地“用益”性质的冲突。主张宅基地财产化的人采取地随房走的改革思路,希望通过宅基地自由交易解决房地矛盾。这种改革可以扩展宅基地使用权权能,打破宅基地“私用”制度,改变宅基地“用益”属性。房地矛盾的第二种解决思路是强化对宅基地使用环节的管理,减少农民盲目建房行为,规范村庄建设,以“集体理性”行使宅基地使用权。

调查中发现,随着农民经济条件改善和生产方式调整与生活习惯改变,当前农村正在发生一场规模巨大的“村庄更新”运动。近年中央出台城市“三旧”改造政策,大力推动“城市更新”,而农村的“村庄更新”暂时还没有进入政策视野。“村庄更新”的表现首先是农民住房更新,例如,改革开放以来农村建筑已经发生过由土坯房向砖瓦平房更新的情况,当前正在向砖混结构的别墅式楼房更新。其次表现为农民居住需求的更新,传统农村住房具有很强生产功能,比如,摆放农具、靠近耕地,当前农民选择居住点时对方便获得交通、医疗等公共服务的考虑因素增多。最后就是农村社会生活习惯方式转变,受传统封闭心态影响,农民倾向于在村庄范围内建房,居住点与熟人社会单元融为一体,当前农民生活自由意愿增强并影响到农民建房行为,如南方地区传统大家族同居的“围屋”闲置，农民更喜欢单门独院生活。受经济、文化与政策方面复杂因素影响，传统民间风俗习惯对农民宅基地使用行为基本丧失规制力，面对此情形，若是不加强集体组织管理与政府控制，必然会造成农村建设失序。目前，各地已经出现的“空心村”现象与沿国道省道占地建房现象就是证明。

宅基地财产化改革会强化农民在宅基地上的排他性权利。农村宅基地使用权原本包括集体公共治理与政府控制内涵。宅基地改革的财产权陷阱表现在宅基地使用环节就是，个体行为理性不能达成村庄良好建设的“集体理性”。维持集体土地“公有”属性，强化集体组织自治功能，并严格执行农村建房规划许可政策，是解决“村庄更新”问题的关键。我们在调查中发现了很多这方面的成功案例。

村庄建设缺乏规划引导造成农民建房行为失控，降低宅基地使用效益，这也是推动农民到城镇买房的重要原因。近年来广大中西部农村出现县城和集镇房地产热与农村建设无序有关。受县城就业机会不足限制，大部分农民在县城购买房屋之后会将其闲置在那里，不能满足就业需求的县城商品房属于纯粹消费品。农村无序建房与农民盲目在县城购房，反映了农村宅基地使用环节丧失控制及其负面后果。宅基地制度改革的方向应当在“私用”环节控制上。

“村庄更新”既是物质意义上的村庄重建，也属于城市化战略的一部分。城市化不是单一进行城市建设而消灭农村，健康的城市化是建立城乡协调发展关系，且是一个长期自发的过程。“村庄更新”应当成为沟通城乡关系的纽带。随着一部分成功农民进城，他们的宅基地与住房将会闲置，在宅基地禁止入市的政策预期下，这部分农民在建房时就会做出理性选择。计划在城市买房的农民，一般不会在农村宅基地上投入大笔资金。一个相反例证是，当前“小产权房”政策不明朗反而会激励城郊村农民大规模违法“种房子”，若地方政府执法上做到令行禁止,便会减少“种房子”。在严格控制的情况下,随着时间推进那部分进城农民的房子逐渐废弃倒塌,他们的宅基地便可在“村庄更新”中复垦或者分配给其他农民。还有一部分农民预期留在农村,这部分农民也存在改善居住条件与获得更好公共服务的需求。“村庄更新”的另一主要功能是顺应这部分留村农民的需求,进行居住点重新选址规划,引导农民在交通便利的地方重新建房,可实施统规自建或者统规统建,并将政府惠农资金逐步集中投入到新建点,改善农村居住条件。“村庄更新”具有公共治理性质,“村庄更新”目标下的宅基地制度设置凸显宅基地“私用”的公共性。以提升公共服务水平为主要内涵的“村庄更新”,不仅可以优化宅基地资源配置,而且可以缩小城乡差距,既能够化解城市化面临的资源约束问题,也具有城乡统筹意义。

三、下一步制度建设选择

一方面,在长期土地管理实践过程中,我国在宅基地方面已经形成一套完备的制度体系,较好地实现了资源有效配置与对附着土地上社会财富的公平分配,对于保障个体权益与促进社会发展总体有效。另一方面,当前城市化进程也引发农村宅基地管理方面的一些问题,带来宅基地制度调整动力。部分学者缺乏对中国土地制度的整体认识,过分放大现有土地制度不合理的一面,看不到制度总体有效的一面,形成土地制度改革上的普世派。普世派学者相信存在一种全世界通用的理想土地制度,认为中国现有土地制度弊端很大,唯有推倒重建才能促进社会发展。普世派代表性人物如杨小凯,他认为中国必须实施土地私有化改革。① 杨小凯被称为离诺贝尔奖最近的华人经济学家,他的观点

① 杨小凯:《中国土地所有权私有化的意义》,载 http://www.aisixiang.com/data/425.html,最后访问日期:2017 年 1 月 28 日。

不仅有代表性,而且影响很大。近年来部分法学学者与经济学学者借用物权法或者产权经济学的一般原理,论证农村宅基地财产化改革的合理性,试图瓦解我国现有土地制度体系,体现了普世派的改革思路。

与普世派相对的是实践派的改革主张。这部分人反对用一般经济学原理或者法律条文衡量中国土地制度,也反对抽象地进行国内外土地制度比较,他们不相信存在世界通用的理想土地制度,认为中国土地制度改革要从实践中来。实践派从经济社会发展的现实层面,对土地制度合理性进行实证性考察,区分现存土地制度中的利弊两端。实践派主张在公有制与现行土地制度总体框架下,对具体制度和政策作出针对性调整,解决现实中出现的问题。本书认为,我国农村宅基地制度在实施社会财富公平分配与发挥宅基地社会功能方面基本不存在问题,当前面临的主要问题是构建城市化过程中的宅基地退出机制,以提高资源配置效率。因此,改革的重点是解决宅基地管理中的人地矛盾。

一是坚持宅基地制度改革的公有底线。坚持土地公有制是维护我国公有制为主体的基本经济制度的基础。在我国现行的土地管理整体体系下,农村土地集体所有制可理解为国家将生产资料分解为一个个小的公有单元进行管理。国家所有即全民所有,集体所有为部分劳动群体所有,二者是"大公"与"小公"的政治关系。这种管理体系下所产生的集体土地所有权的与一般财产所有权不同,集体土地所有权的主要功能是建立集体边界,确定集体在一定土地上的排他性权利,为实施集体内部的土地资源公共管理奠定基础。宅基地"公有"制度保障每个农民"居有所居",促进宅基地资源公平分配,通过村庄规划与建房管制来控制宅基地"私用"环节,提高土地资源利用效率。

2014 年 12 月,在习近平总书记主持召开的中央全面深化改革领导小组第七次会议上,划定我国当前农村土地制度改革的三条基本底线,明确要坚持土地公有制不动摇的基本改革方向。在实践中,坚持土地公有制对于我国跨越“中等收入陷阱”有重要现实意义。当前快速城市化推进过程中继续坚持宅基地“公有”制度，关键是降低农民进城风险并解决宅基地退出问题。在操作层面，可行的思路是将农民退出农村宅基地与获得城市住房保障挂钩。具体是指，进城农民与市民同等享受住房保障政策，政府首先向进城农民出租经济适用房，等到农民有支付能力时，可自愿选择购房，农民前期所支付的房租计入购房款，条件是同时退出农村宅基地使用权。采取这种办法后，农民获得自主选择在城市定居或者返回农村生活的机会，有能力进入城市生活的农民，用农村宅基地使用权换取享受城市经济适用房的政策机会，相当于两种住房保障方式互换。对于没有能力进城和不愿意进城的农民而言，依然通过“按需供给”政策享受农村宅基地分配（主要来源于进城农民退出的宅基地）。

二是保持持宅基地使用权的“用益”属性。社会主义公有制本质是一种消灭人剥削人、实行各尽所能、按劳分配的制度形式。保持“用益”性质的宅基地制度体现了公有制特征。实现公有制的关键是取消私人垄断性占用基本生产资料，这表现在宅基地方面是指宅基地保持“公有”属性，同时农民依照一定标准和程序按需获得宅基地使用权，并在一定条件下退出多余闲置宅基地，构建出宅基地制度的“用益”性质。当前宅基地制度备受争议的一点是，宅基地作为建设用地一类，与城市国有建设用地“不同权”。城乡建设用地二元结构恰恰是土地公有制的体现。社会主义公有制取消土地的“食利”性质，表现在城市建设用地上是国家垄断土地一级市场，实现城市土地“涨价归公”，表现在农村宅基地上是农民无偿获得宅基地后只能用于满足生产生活需要的住房建设，体现宅基地的“用益”性质。农村宅基地“用益”功能通过建房实现。城郊村农民在宅基地上建设“小产权房”出售，突破宅基地的“用益”性质，具备城市建设用地功能，违背法律规定。农村建房既是私人投资行为，也具有很强外部性，保护农民使用宅基地的权利，有利于激励私人投资；对农民建房的"私用"环节进行控制，有利于改善村庄整体居住环境。政府管理与村庄公共治理是实现农村宅基地"用益"功能的必要条件，单纯强调保护农民宅基地财产权的人忽视这一点。强化对农民宅基地"私用"过程管理并实施"村庄更新"，是应对城市化过程中所出现的农村宅基地问题的有效手段。

三是合理制定城市化战略。坚持宅基地公有私用制度有利于顺利推进新型城市化战略。城市化主要表现为农民进城，在城市安居是农民进城成功的必要条件而非充分条件。当前县城房地产热带动农民消费，却不能为农民提供就业机会，不是健康的城市化。政策上既不宜鼓励农民卖房进城，也不宜为了获得建设用地指标，政府通过行政强制手段推动农民上楼。比较积极妥善的办法是，一方面，城市住房保障政策逐步向农民覆盖，引导农民自愿退出农村宅基地。另一方面，继续坚持农地农房禁止入市政策，国家制定"村庄更新"惠农政策以促进土地利用集约和公共服务完善，改善留村农民生活条件，为进城失败农民提供退路，为快速城市化进程降低风险。

四是提升基层治理能力。落实宅基地公有私用制度的关键是强化基础治理能力以提高土地管理水平。基层政府与集体组织在农村宅基地"公有"与"私用"环节都发挥作用。财产权具有排他和可交易两种基本属性，按照财产化思路改革农村宅基地，"公有"与"私用"平衡关系打破，集体与个人由统一关系变成对立关系，破坏既有的宅基地资源公共配置规则和农村建房秩序。提升基层组织在宅基地方面的治理能力包括两个方面：一方面是依托村民自治机制严格执行一户一宅、超占收回、废弃宅基地复垦等政策；另一方面是严格执行农村土地利用规划与村庄建设规划，健全农村建设规划许可制度。

第六章　土地承包经营制度的异化与回归

土地属于公有制生产资料。自实施家庭联产承包责任制以来,我国农村土地制度设置一直面临生产资料公有制与家庭分散经营之间矛盾的问题。近年来,农村劳动力外流与农业生产技术进步推动农业生产经营方式变化,带来我国农村土地制度调整的新要求。面对不同改革主张与形式多样的地方实践做法,中央划定农村土地制度改革四条底线之一是"坚持土地公有制性质不改变"。[①] 探索与农业经营方式相适应、与农民生产需求吻合的土地制度,是当前"三农"领域的核心问题。

面对生产力发展带来的变革生产关系要求,目前学术与政策界关于农村土地制度改革的主导思路是,对集体公有的土地设置私有产权,再引入市场机制进

① 2016 年 5 月,习近平总书记在安徽小岗村召开的农村改革座谈会上,明确农村土地制度改革的四条底线,"不管怎么改,都不能把农村土地集体所有制改垮了,不能把耕地改少了,不能把粮食生产能力改弱了,不能把农民利益损害了"。《习近平:农村改革要坚守"四个不能"底线》,载《人民日报》2016 年 5 月 25 日。

行土地要素重新配置。① 顺此思路，农村土地制度调整主要是强化和扩大农户土地承包经营权。土地承包经营是生产资料集体所有制的经济实现方式，土地承包经营权是集体土地所有权的权能分离产物。本章的分析表明，农村土地集体所有权在现有的土地承包关系中被虚置，已经接近突破土地公有制的改革底线，并对农业生产经营产生了负面影响。

造成土地承包经营制度改革在法理上与实践中陷入困境的根本原因是，部分研究者忽视土地的生产资料属性并受到私有财产权话语误导。经过社会主义改造，我国已经消灭土地私有制，实现农村土地归“劳动群众集体所有”，取消私人通过土地垄断占有来摄取社会财富，落实“各尽所能、按劳分配”的社会主义公有制原则。但是，在当前的实践中，具有私有财产权属性的土地承包经营权已经违背制度设计初衷，不仅日渐变为私人获取地租的手段，而且阻碍土地要素优化配置，阻碍农业经营体系创新。由此引发对农村土地制度改革反思：在公有制前提下，土地到底是属于生产资料还是属于可以被私人占有的财产对象？与之相关，我国农村土地制度本质上属于农业经营制度还是属于财产制度？基于以上问题，本章梳理土地承包经营制度改革过程及其逻辑，对我国农村土地制度进行正本清源分析，并探讨下一步改革方向。

第一节　作为集体所有制实现形式的土地承包经营

农村土地集体所有制与农村经营体制是决定土地承包经营制度的

---

① 陈锡文指出，“首先是稳定基本经营体制，稳定农村土地承包关系；其次是在这个前提下，按照依法自愿有偿的原则，运行土地承包经营权流转集中，发展各种形式的适度规模经营”。参见陈锡文：《陈锡文改革论集》，中国发展出版社 2008 年版，第 194 页。

两个基本前提。在坚持土地公有制不变的前提下,土地承包经营制度的具体内涵随农村经营需求进行调整,作为集体所有制实现形式的土地承包经营具有历史实践性。

1956年通过的《高级农业生产合作社示范章程》规定,入社的农民必须把私有的土地和耕畜、大型农具等主要生产资料转为合作社集体所有,并取消土地报酬,组织集体劳动,实行"各尽所能,按劳取酬",正式实现土地从私有制转为公有制。在"三级所有、队为基础"的人民公社体制下,除少量自留地之外,土地的公有主体与农业生产经营管理单元在生产队一级被统一起来,土地"公有公用"的主要矛盾体现在统一管理难度与统一经营效率方面。

随着人民公社体制走向解体,农村经营体制发生变化,我国逐步确立家庭联产承包经营在农村基本经营体制中的基础地位。实施家庭联产承包经营之后,原来归集体所有的部分生产资料交由各个生产责任主体管理和使用,赋予生产责任主体一定自主经营权利的同时也确定其责任和义务。在集体统一经营向家庭承包经营转化的过程中,部分生产资料继续由集体统一占有和管理(比如农田水利设施),其他的大部分生产资料实现"车马土地到家"。原本只拥有锄、镰等简单生产资料的农户,获得了集体所有的车、马、农机具、土地和种子、化肥、饲料等多种基本生产资料,家庭等成为一个实在独立的微观经营主体。[①] 家庭联产承包责任制推进我国农村生产资料占有形式越来越朝着建立私人产权的方向发展,例如,近年来国家推行农村小型水利工程设施产权化改革,尝试通过承包、租赁、拍卖、股份合作等方式建立农村小型农田水利工程多元产权格局,打破之前集体所有统一管理的公共生产资料占

① 雨佳:《我对承包经营的不同看法》,载《长白学刊》1987年第6期。

有形式。[①] 从当前农村实际情况来看,除土地之外的大部分农业生产资料基本实现了农民私有。在此总体趋势下,近年来一直存在主张土地私有化的声音。

土地是农业基本生产资料,“土地到家”是实施家庭联产承包经营的基础。基于所有制的限制,“土地到家”既不能改变其公有属性,同时还需要服务于农业的家庭分散经营方式,满足农民自主经营需求。在实践中,我国逐步探索农村土地所有权归集体、使用权归农户的两权分离制度,创造出“公有私用”这一与家庭经营相适应的土地集体所有制实现方式。正确处理“公有”与“私用”关系是设置土地承包经营制度的关键,具体需注意以下两个方面。

一是“公有”作为一种由一定范围内劳动群众共同占有、使用、支配生产资料并获得收益的产权形式,与私有制下的共有产权形式在外观上相似,但是,二者性质完全不同。私有制下的共同共有或者按份共有皆可依法分割转化为个体私有产权形式,而公有生产资料禁止任何形式的私有化。在权益配置上,集体所有制具有对外排他性与对内公共性特点,即凡属本集体经济组织的成员,自然拥有承包土地用于农业生产经营、分享土地租金收入、参与集体土地民主管理等方面的“资格”。一旦取消其成员身份,便丧失上述“资格”。公有制生产资料在集体内部配置与集体成员资格相关联。在家庭承包经营体制下,产生相对稳定的生产资料配置要求与不断调整集体成员构成之间的矛盾。具体是指,一方面婚丧嫁娶、户口迁移等带来的成员资格变动要求不断调整土地配置;另一方面农业生产对土地承包稳定性有一定要求。如此就形成在土地承包经营实践中土地应否调整这一焦点问题。

---

① 《国务院办公厅转发国务院体改办关于水利工程管理体制改革实施意见的通知》,载《中华人民共和国国务院公报》2002 年第 30 期。

二是农户"私用"权利的保护与限度。采用土地两权分离制度设置的初始目标是,将土地使用权赋予农户,使其获得自主经营权利。在"交够国家、留足集体、剩下归自己"的农业经营收益分配方式下,土地承包经营制度激励农民进行生产投资和劳动投入,提高农业生产效率。家庭联产承包责任制赋予农民自主生产经营权,建立农民在生产投资、劳动投入与经营收益之间的直接关联关系,对改善农业经营效率有一定积极作用。不能忽视的一点是,农业经营效率受多方面因素影响,需要摒弃"一分就灵"的老观点,原因是农业生产中还包括一家一户"办不好、不好办"的公共事务。包括农田水利建设管理、机耕道维护、良种推广、统防统治、农时调节等,都具有很强的公共性,在这些活动上进行集体统筹相对于一家一户生产的效率更高。纯粹原子化的小农户经营方式存在很多弊端。结合农业生产特点,我国逐步发展出统分结合双层经营体制,兼顾发挥农户自主经营与集体统筹经营的两方面积极性。生产资料公有制是集体统筹经营的合法性基础,土地集体所有权是集体发挥统筹作用的产权工具。坚持土地承包经营,既要保护农户自主经营权利而又不至于陷入生产上"一盘散沙"状态,同时又不能将土地承包经营权变成一种对抗集体统筹功能的绝对权利。

第二节 土地财产化改革及其制度异化

(一)以生产经营为核心的制度设置

以家庭为单位的土地承包经营属于农村生产责任制的一种形式。党的十一届三中全会通过的《农村人民公社工作条例(试行草案)》规定,在农林牧副渔工等行业"都要根据生产需要,建立小组或个人的岗位责任制,实行定人员、定任务、定质量、定报酬、定奖惩的制度"。在实践中，各地出现小段包工定酬、专业承包联产计酬、联产到劳、包产到户到组、包干到户到组等形式，1982 年中央一号文件明确这些"都是社会主义集体经济的生产责任制"。经过探索，在农村最终确立"包干到户"为联产承包经营的基本形式。相对于人民公社体制下集体统一经营方式，联产承包经营制度的全新经济意义体现为，生产和劳动由统一转为分散进行，以及劳动报酬不是通过工分而是通过个人从产品中直接获得。[①] 1982 年中央一号文件总结联产承包制的意义在于，"可以恰当地协调集体利益与个体利益，并使集体统一经营和劳动者自主经营两个积极性同时得到发挥"。

土地承包经营是家庭承包责任制的基础，以土地生产资料配置为核心的家庭承包经营最初属于经济意义的制度创新。因此，理解土地承包经营制度的关键是抓住其作为"承包经营"的经济内涵。经济意义上的承包经营属于生产责任制的一种具体形式，并广泛存在于社会各个领域。当前一些国营农场借鉴农村经验采用农场职工家庭承包经营责任制，另外，还有一些保持集体统一生产经营的农场，在实际生产管理过程中也采用"定人员、定任务、定质量、定报酬、定奖惩"的包片包段责任制。总体而言，经济意义上的土地承包经营服务于提高经营效率的目标，且要根据实际条件作出具体制度选择。以生产经营为核心的土地承包经营制度，包括以下四方面特点：

一是土地承包期相对稳定。受农业生产自然属性、农业基础设施投资回报周期和地力培育等方面的影响，明确土地承包期限，保持土地承包关系相对稳定，有利于提高农民投资积极性。1984 年中央一号文件提出，"延长土地承包期，鼓励农民增加投资，培养地力，实行集约经

① 林子力：《论联产承包责任制——中国社会主义农业合作经济的新形式》，载《中国社会科学》1982 年第 6 期。

营。土地承包期一般应在15年以上”。当时中央政策比较灵活,为地方实践创新留下空间,很多地方保留机动地,坚持“三年一小调、五年一大调”或者实行“两田制”,来解决人口自然变动带来的生产资料分配不均问题,基本调和土地承包关系稳定与土地调整的矛盾。1990年中央一号文件提出,“对已经形成的土地承包关系,保持稳定;只要承包办法基本合理,群众基本满意,就不要变动”。加上“基本合理”限定,表明在承包期内存在调整土地承包关系的空间。

二是农户要负担集体义务。土地属于公有制生产资料,农户获得集体生产资料的同时,必须承担对应的集体义务。1982年中央一号文件指出,“建立健全生产责任制”包括“要国家、集体、个人三方面兼顾,不能只顾一头。集体提留、国家任务都必须保证完成。”农户通过承包获得土地使用权利后所产生的义务,包括完成国家征购任务和上缴集体提留。集体提留用于集体内部开支,如“统一安排烈军属、五保户、困难户的生活”,或是“进行农业基本建设”。从集体经济组织角度来看,集体提留可看作集体土地所有权的经济实现;从农户角度来看,集体提留可看作农户获得土地使用权所支付的对价。

三是集体掌握土地发包权。土地承包经营权是由农村集体经济组织或者村民委员会、村民小组等代表行使集体土地所有权,并按照一定程序向农户发包所产生的一项权利。离开集体土地权利,不能产生土地承包经营关系。土地发包权包括两类:第一类是上一轮土地承包期限到期之后,在集体内部重新配置生产资料,统一确定土地承包关系的权利;第二类是在土地承包期限之内,基于人口自然变动等特殊原因调整土地的权利。根据《农村土地承包法》第18条的规定,依照“民主协商、公平合理”方式制定土地承包方案,并要求方案必须经过“本集体经济组织成员的村民会议三分之二以上成员或者三分之二以上村民代表的同意”。土地承包方案决定土地生产资料在集体内部配置,通过村民自治方式制定土地承包方案,体现土地所有者的主体意志。对于承包期内的土地调整问题,1994 年农业部《关于稳定和完善土地承包关系的意见》规定:“对于确因人口增加较多,集体和家庭均无力解决就业问题而生活困难的农户……也可以按照‘大稳定、小调整’的原则,经该集体经济组织内部大多数农民同意,适当调整土地。”

四是农户处分土地的权利受限。实施土地承包经营的目的是,将公有生产资料配置给直接从事生产经营的农民,以提高土地产出率。在实践中,会因为各种原因造成土地生产资料重新配置的动力,牵扯到农户处分土地的权利。1984 年中央一号文件规定:“社员在承包期内,因为无力耕种或转营他业而要求不包或少包土地的,可以将土地交给集体同意安排,也可以经集体同意,由社员自找对象协商转包”,允许在集体同意前提下自主转包。1987 年中央五号文件规定:“长期从事别的职业,自己不耕种土地的,除已有规定者外,原则上应把承包地交回集体,或经集体同意后转包他人。”1993 年《中共中央、国务院关于当前农业和农村经济发展的若干政策举措》提出“允许土地的使用权依法有偿转让”,1994 年《农业部关于稳定和完善土地承包关系意见》中提出“转包、转让、互换、入股”等地承包经营权流转的形式。按照相关文件规定农民流转土地需满足“集体同意”要件,即农户不拥有处分承包地自主权。

20 世纪 80、90 年代,中央文件一直强调“稳定承包关系”,具有两方面含义:首先,由于家庭承包责任制实施不久,强调“稳定承包关系”可以稳定分户经营体制;其次通过稳定承包关系来激励农户生产经营积极性。从公有土地在集体内部分配和落实双层经营体制的两个角度看,“稳定承包关系”都是相对的。因为保持土地承包关系稳定的同时,还要保持制度相对灵活空间,既要考虑成员之间的公平问题,又要考虑集体统筹经营的制度基础。通过以上四个方面的制度设置,当时的土地承包经营制度在集体权利与农户权利之间建立相对平衡关系。

（二）走向财产化的制度改革

1982 年中央一号文件确定“包干到户”作为生产责任制的合法地位，15 年土地承包期限于 20 世纪 90 年代中后期到期。以二轮土地承包为契机，国家进行一系列土地承包经营政策调整，这不仅体现在具体制度设置上，而且推动土地承包经营制度的性质发生根本变化。

首先，土地承包期限设置脱离农业生产要求。在第一轮土地承包到期之前，1993 年的《中共中央、国务院关于当前农业和农村经济发展的若干政策措施》规定：“在原定的耕地承包期到期之后，再延长 30 年不变。”接着十五届三中全会提出，“要坚定不移地贯彻土地承包期再延长 30 年的政策，同时要抓紧制定确保农村土地承包关系长期稳定的法律规定，赋予农民长期而有保障的土地使用权”。2002 年出台的《农村土地承包法》规定“耕地的承包期为 30 年”，实现土地承包期限法定化。十七届三中全会又提出，“赋予农民更加充分而有保障的土地承包经营权，现有承包关系要保持稳定并长久不变”。“长久不变”这一模糊说法，为土地承包经营制度调整留下想象，当前正在进行的《农村土地承包法》修订工作重点针对“长久不变”在土地承包期限上的具体落实问题。对于普通粮食作物种植而言，15 年的承包期限足够保持地权稳定并满足生产和投资需求。一些实证研究表明，相对于经营规模太小、农业劳动力过剩、投资收益过低、投资外部性等因素，地权稳定性对农业生产投资影响作用并不显著。[①] 不断延长土地承包期限的制度改革做法与提高农业经营效率目标无关。

① 钟甫宁、纪月清：《土地产权、非农就业机会与农户农业生产投资》，载《经济研究》2009 年第 12 期。

其次，取消土地承包费。20 世纪 90 年代之后，随着“三农”问题爆发，集体提留开始被视作农民负担，并随着农村税费改革逐步取消。在减轻农民负担总体政策思路下，2006 年国务院办公厅下发的《关于做好当前减轻农民负担工作的意见》明确规定：“严禁向农民家庭承包的土地收取土地承包费。”相关改革将农业税与土地承包费混淆，农业税由国家收缴，国家有权取消，而土地承包费为农户获得集体生产资料所负担的义务，并主要用于集体内部开支，“取之于集体，用之于集体”，属于集体组织内部事务，收取与否以及收取标准应当交由村民自治决定，国家不应强制取消。取消土地承包费之后，多承包土地的农户不负担集体义务，少承包土地的农户得不到补偿，违背集体土地所有制的公平分配原则。

再次，集体发包土地的权利被剥夺。1993 年的《中共中央、国务院关于当前农业和农村经济发展的若干政策举措》提出，“提倡在承包期内实行‘增人不增地，减人不减地’的办法”。这一政策在二轮土地承包之后，随着《农村土地承包法》和《物权法》等出台，被全面执行，除极个别情况外，集体随意调整土地属于侵权行为。集体经济组织在承包期内调整土地的权利被取消。在统一发包方面，随着第一轮土地承包即将到期，1997 年的《中共中央办公厅、国务院办公厅关于进一步稳定和完善农村土地承包关系的通知》明确落实二轮土地承包“小调整、大稳定”原则，除“人地矛盾突出的个别农户”可以进行“小调整”之外，二轮土地承包关系是在“第一轮土地承包的基础上”，直接通过“延长土地承包期”完成。这就意味在二轮承包过程中，集体作为土地所有权主体的“发包权”被剥夺，国家通过政策替代集体直接完成土地发包工作。十七届三中全会提出的土地承包关系“长久不变”，为二轮土地承包 30 年到期后的下一轮政策出台埋下伏笔。若未来土地第三轮承包继续采用之前的政策思路，在二轮承包格局基础上直接通过再延长承包期限的方式完成，则集体的“发包权”将再次被剥夺。

最后，农户处分土地的权利逐步扩大。二轮土地承包之后，农户处分土地的权利进一步扩大，《农村土地承包法》规定土地承包经营权流转采取“平等协商、自愿、有偿”原则，且“任何组织和个人不得强迫或者阻碍承包方进行土地承包经营权流转”，“土地承包经营权流转的主体是承包方。承包方有权依法自主决定土地承包经营权是否流转或流转的方式”，取消土地流转的“集体同意”要件。2013 年党的十八届三中全会决议提出，“赋予农民对承包地占有、使用、收益、流转及承包经营权抵押、担保权能”，突破《担保法》禁止集体耕地抵押的规定，为进一步扩大农户处分土地的权利提供政策依据。2015 年国务院出台《关于开展农村承包土地的经营权和农民住房财产权抵押贷款试点的指导意见》，启动农村土地承包经营权抵押贷款试点工作。

在稳定承包关系的话语指导下，二轮土地承包以来相关政策赋予农户更多权利，同时削减集体土地权利。从形式上看，20 世纪 80、90 年代的土地承包经营政策与二轮承包以来的政策，都强调稳定土地承包关系，但其实质意义在不同时期发生了根本变化。十五届三中全会决议指出“土地是农业的最基本的生产要素……稳定的土地承包关系，才能引导农民珍惜土地，增加投入，培肥地力，逐步提高产出率；才能解除农民的后顾之忧，保持农村稳定”，即稳定承包关系服务于提高农业经营效率的目标。基于此目标所进行的相关政策调整，符合土地承包经营制度作为经济制度的定位。经过第二轮土地承包之后，从土地承包期、农户负担集体义务、农户处分土地权利等方面来看，农户所拥有的“土地承包经营权”已经突破了“承包经营”的制度初衷。二轮土地承包之后，由稳定承包关系这一话语主导的制度变革逐渐指向“赋予农民长期而有保障的土地使用权”，2002 年通过的《农村土地承包法》第 1 条明确了这一立法目的。自此之后，改革土地承包经营制度的直接目标由提高农业经营效率转换为土地权利保护。由此才能理解,近年来土地承包经营制度改革上财产权话语的兴起,即土地承包经营权作为一项独立财产权利被关注。2013 年中央一号文件提出“改革农村集体产权制度,有效保障农民财产权利”,党的十八届三中全会决议明确“赋予农民更多财产权利”的土地制度改革目标。

(三)从经营制度向财产制度异化

作为经营制度,土承包经营制度的核心是,将利用土地从事生产经营的权利(土地承包经营权)从土地所有者(农村集体经济组织)手中剥离,并将其赋予实际从事农业生产活动的耕作者(承包户)。农户通过承包从集体获得特定地块的排他性“私用”权利,用于农业生产经营活动,即“私用”的核心在于保障“使用”而非“占有”。1984 年中央一号文件规定,“荒芜、弃耕的土地,集体应及时收回”,不仅如此,1987 年中央五号文件还对弃耕荒芜土地行为作出“要给予经济处罚”的规定。说明农户承包土地不仅获得了权利,而且还要担负耕种土地的责任,这与土地作为基本生产资料的属性有关。对于农户无力耕种的土地或者有替代职业的,可以交回集体,或者经过集体同意进行转包,当时允许转包的目的主要是解决土地利用问题。二轮土地承包之后,尽管《土地管理法》还规定承包地连续两年抛荒,作为发包单位的集体有权收回,但随后开始实施的《农村土地承包法》又禁止这一行为,规定“承包期内,发包方不得收回承包地”。法律矛盾造成实践中很少有集体收回农户长期荒芜的承包地。即是否实际利用承包地从事农业生产,已经不是农户获得土地承包经营权的内在要求。

与农村土地第二轮承包同步发生的是,工业化和城镇化吸引大量农村劳动力进城务工,越来越多的承包户不再从事农业生产。在此背景下,稳定承包关系的目的就是构建保护承包户“占有”土地的权利体系,在此基础上通过土地流转进行生产资料再配置。如此一来,原土地承包户获得土地的目的就是进行流转并获得地租收益。当前一些媒体宣传口号是,农民流转土地,不仅获得工资收入,而且可以获得租金收入。土地承包经营权变成获得地租收益的手段。土地本身不能自动产生财富,地租本质是基于土地占有而对社会财富的无偿摄取。实施土地公有制的目的是消灭基于土地私人占有所发生的不劳而获行为,实现地租社会化。[①] 具体到土地集体所有制上是指,土地租金收益应当归集体所有,然后用于集体公共支出或者按照人口进行平均分配。

二轮土地承包之后的系列制度变革,让农户手中的承包地从生产资料变成财产对象。不仅集体与农户的权利关系发生量的变化,而且制度本身发生本质变化,土地承包经营制度从生产资料分配利用制度,变成农户分割占有集体公有财产的制度,发生从经营制度向财产制度的异化。当前正在或是已经进行的土地承包经营权物权化、土地承包经营权登记确权、土地承包经营权抵押试点等,都是将土地作为财产对象而进行的改革。这些制度改革越来越背离土地作为生产资料用于农业经营的目标。一项完整的土地所有权包括占有、使用、收益和处分土地的权能。当前不负担承包费、能够自由流转(进一步将能够用于抵押)、承包期限30年(甚至长久不变)的土地承包经营权,基本获得所有权的全部权能,集体土地所有权被虚置。一些学者指出,现行土地承包经营制度已经造成土地实质私有化,集体公有制仅为名分上的。[②] 坚持土地公有制,需要警惕不断抽空集体土地所有权并强化土地承包经营权的变相私有化做法。

---

① 恩格斯指出:“消灭私有制并不要求消灭地租,而是要求把地租——虽然形式发生变化——转交给社会”。参见《马克思恩格斯文集》(第3卷),人民出版社2009年版,第328页。

② 参见华生:《城市化转型与土地陷阱》,东方出版社2013年版,第62页;张路雄:《耕者有其田——中国耕地制度的现实与逻辑》,中国政法大学出版社2012年版,第59页。

第三节　农业经营转型背景下的制度供给评析

(一)农业经营转型与政策错位

作为经营制度的土地承包经营制度,服务于农业生产,要随着农业生产经营变化进行调整。20世纪80、90年代,土地承包经营制度与当时的农业经营方式、农业生产技术条件和农村经济社会环境相适应,成为一种有效制度形式。近年来,农业生产经营形势发生巨大变化,对土地制度提出了新的要求。

一是土地细碎化的负面效应凸显。由于第二轮土地承包基本是直接通过延长土地承包期限完成,相当于延续二轮承包之前的土地分配格局。现在集体内部的土地承包状态总体形成于20世纪80年代。当时农业之外就业机会少,土地是农民生产生活的基本条件,土地分配时具有较强的公平取向。为了做到公平,各地农村普遍采取远近肥瘦搭配的分配格局。前不久,笔者到广东清远地区调查,当地一户几亩地普遍分为几十块。并非当地土地就自然细碎,村庄中也有整块几亩地的大田,但20世纪80年代分田时,采用“户户有份”办法,造成大田也被切割成为几分几厘的小块状态。当时机械化程度不高,农业生产以畜力人力为主,受土地细碎化影响不大。近年来,农村青壮年劳动力外流,老年人和妇女成为农业主力,机械化程度逐步提高,土地细碎化的负面影响逐渐凸显,出现了农村不方便耕作土地被抛荒的现象。

二是城镇化带来土地要素重新配置要求。国家统计局公布的《2014年全国农民工监测调查报告》显示,全国农民工总量为27,395万人,其中外出农民工16,821万人,本地农民工10,574万人。《国家新型城镇化规划(2014－2020年)》将“有序推进农业转移人口市民化”作为基本目标之一，规划到2020年完成1亿左右农业转移人口和其他常住人口在城镇落户。随着城镇化推进，脱离农业生产甚至脱离农村的农民将越来越多，这带来土地重新配置要求。原土地承包户退出土地使用权利，将其配置给实际从事农业生产者，是当前政策的重点。

三是技术进步带来的农业大生产趋势。第二次农业普查显示全国农业生产经营户超过2亿，从事农作物种植农户的户均土地低于10亩，并且还呈现地块高度细碎插花格局。“小且散”的小农户经营方式严重不适应当前农业生产技术进步。一辆100马力以上的大中型拖拉机的耕作效率远远高于10辆10马力小型手扶拖拉机，大型联合收割机效率也高于小型收割机。针对耕作和收割的农业社会化服务体系日渐成熟。调查发现，以大中型机械为主的社会化服务主体在为农户提供服务时，遭遇的首要问题是无法与小农户对接。这既表现为与一家一户小农户对接的交易成本太高，也表现为农户地块插花细碎，制约大中型机械下田。有农机手形容说，“大拖拉机耕一亩田只需要几分钟，走在路上时间得半天”。不仅社会化服务体系无法建立在一家一户的小户分散经营基础上，而且国家支农惠农政策也很难落地。例如，政府农业技术部门进行农业技术推广和病虫害预报，由于无法与千家万户分散农民对接，造成公共服务不能下乡。

当前出现的农业生产经营问题，除了与客观技术条件和社会条件变化有关之外，还与政策供给有关。一方面，近年来农业生产力相对于20世纪80、90年代发生了巨大变化；另一方面，受财产权话语误导，土地承包经营制度不是朝着适应生产力发展的方向调整，反而是束缚生产力释放，加剧问题。具体有以下表现：

一是瓦解集体统筹经营的制度基础。以强化财产保护为起点，土地承包经营权变成物权，物权具有排他性和绝对性，排除集体经济组织干预农户生产活动的能力。从土地利用角度来看，在不改变用途的前提下，农户是否利用其承包地，或者如何利用，都成为其个人权利。从农业经营角度看，这种权利形态不利于农户之间协调，瓦解集体统筹经营。以家庭承包经营为基础、统分结合的双层经营体制作为农村基本经营制度受到《宪法》保护。土地承包经营制度异化为财产制度，将承包地上的“公有”与“私用”的相对平衡关系打破，农户与集体变为对抗与排斥关系，造成农业生产中大量一家一户“办不好和不好办”的事情无法解决，极大地降低农业生产效率。

二是造成权利错位配置。20 世纪 80、90 年代城乡之间人口流动少，当时土地承包户与农业经营户在主体上统一，绝大部农户承包土地之后都实际从事农业生产。当前城镇化带来人地分离趋势加剧，据统计，土地流转率超过 30%，全国 2.3 亿土地承包户中有 6600 万户已经退出农业生产，相当于三分之一的承包户不再是经营户。[①] 设置土地承包经营制度的初始目的是解决土地所有者与农业经营者的不统一问题，由此产生“公有私有”制度。当前在人地分离背景下，土地承包经营制度异化为财产制度后，实际又制造出占全部三分之一的土地占有者与土地经营者的不统一问题。在承包户与经营户统一的前提下，政策强调稳定承包关系，有利于提高农户生产积极性。当前将土地权利配置为越来越多不从事农业生产的原承包户，会降低实际经营户的生产积极性和投资预期。

三是锁定地权插花细碎格局。当土地作为生产资料时，制度设置的起点是方便土地利用、提高生产效率，因此，二轮土地承包之前政策允许集体内部适当调整，农民可以通过土地互换等方式实现地块相对

① 《中央农村工作领导小组副组长陈锡文：目前全国 1/3 的土地已经流转》，载观察者网 http://www.guancha.cn/economy/2016_05_22_361298.shtml，最后访问日期：2016 年 5 月 22 日。

集中。当土地变成财产对象时,制度设置的起点就是建立农户与土地客体的固定关系,相应地,政策上就禁止集体大规模调整土地,在土地承包经营权表现为对地块坐落、面积和四至边界的强调。现实中,农民有极强解决土地细碎化问题的冲动。20 世纪 80 年代末在贵州湄潭作为全国农村改革试验区,最先提出土地"生不增、死不减"政策,并很快上升为国家政策,"一刀切"地向全国推广。曾参与湄潭试验的国务院发展研究中心的刘守英研究员于 2011 年在湄潭调查发现,"93% 的被调查者同意按人口进行土地再分配",①绝大部分农民希望通过土地调整解决地权细碎格局带来的农业生产困难。土地承包经营制度变成财产制度,锁定了之前形成的土地细碎插花格局。

(二)对当前制度供给做法的评析

1. 农业经营体系创新

随着新型城镇化推进和农业技术加速进步,土地承包经营制度异化对农业经营造成的负面影响日渐凸显,并被政策制定者意识到。近年来,在土地承包经营权基本成为农户手中的稳定权利之后,相关政策调整又转向农业经营方面。中央政策开始强调推进农业经营体系创新,如 2013 年一号文件规定:"围绕现代农业建设,充分发挥农村基本经营制度的优越性,着力构建集约化、专业化、组织化、社会化相结合的新型农业经营体系,进一步解放和发展农村社会生产力,巩固和发展农业农村大好形势";2014 年一号文件规定:"要以解决好地怎么种为导向加快构建新型农业经营体系。"

当前主导性的政策话语是通过创新农业经营体系来解决"谁来种

① 刘守英、邵良珍:《贵州湄潭实行"增人不增地,减人不减地"24 年的效果与启示》,载《中国乡村发现》2012 年第 4 期。

田”问题。这一政策思路的前提假设是，城镇化会带来农业劳动力匮乏。按照第六次人口普查，除掉常驻城市的农村户籍人口，有 6.74 亿农民长期生活在农村，其中农村劳动力超过 2 亿。假设将来城镇化率达到 70%，我国将依然有超过 4 亿农民生活在农村。仅从当前来看，按照二调公布的约 20 亿亩耕地（包括全国农垦系统近 1 亿亩耕地）计算，农村劳动力人口人均不足 10 亩耕地，人地关系紧张局面将长期维持。也就是说，“无人种田”的说法不能成立。尽管如此，推动农业经营体系创新的工作依然紧迫，原因是细碎分散的土地格局制约农民从事生产经营，生产不便而非缺乏劳动力才是当前制约我国农业发展的主要矛盾。

培育各种新型农业经营主体以替代传统小农户生产形式，是创新农业经营体系的重要内容。党的十八届三中全会决议鼓励发展专业大户、家庭农场、农民合作社、农业企业等多种经营形式。在实践中，地方政府在落实创新农业经营体系政策精神时，忽视建立健全农业社会化服务体系等其他内容，将其简单执行为“堆大户”，甚至出现政府推动农民统一流转土地给工商资本大户。从形式上来看，将几百户小农变成一个大户，可以避免之前土地承包经营制度异化造成的负面后果，如大户可以进行统一生产，也很容易对接农业服务市场和政府公共服务。但是，政府鼓励发展大户的做法，会挤占小农户的生产空间，政府帮助资本打败小农的做法，具有不可逆的负面后果。①

2.“三权”分置

面对人地分离带来的土地承包经营权错位配置，当前政策调整到如何将土地使用权配置给农业经营者的方向上。2013 年中央十八届三中全会提出“坚持集体所有权、稳定承包权、放活经营权”的“三权”分置思路。这一改革举措将土地承包经营权一分为二，原来承包户将土地

① 贺雪峰：《农地承包经营权确权的由来、逻辑与出路》，载《思想战线》2015 年第 5 期。

经营权流转出去,保持土地承包权,原承包户手中权利体现财产性。

抛开集体所有权如何实现问题不讨论,"三权"分置做法存在两个问题。其一,将原来土地承包经营制度下所有权与使用权"两权"分离变成"三权"分离,提高产权复杂性。在我国如此细碎且高度插花的土地上,设置如此复杂的产权关系,将进一步加剧地权细碎局面,提高制度运行成本。其二,将经营权单独剥离的目的是引入市场手段进行土地要素配置。一些研究指出,"私有产权 + 市场流转"制度设计很难成功,并且我国台湾地区和日本的情况已经证实这一点。[①] 在实践中出现的问题是,除了少数工业化发达地区农村可以进行整村整组集体流转土地之外,其余广大中西部农村,农民离农在村庄中呈现插花格局,即自发的规模土地流转很难进行。这也是不少地方出现政府强制农民流转土地的原因。

3. 土地确权

2013 年中央一号文件提出"用 5 年时间基本完成农村土地承包经营权确权登记颁证工作"。二轮土地承包过程中,不仅农户与集体签订承包合同,而且按照当时中央政策要求,已经对农民的土地承包经营权进行发证确认。按照政策文件说法,本轮土地确权的主要目的是,"妥善解决农户承包地块面积不准、四至不清等问题"。[②] 按照《农村土地承包法》要求,之前签订的承包合同中已经包括"承包地的名称、坐落、面积、质量等级",并且这些也被政府登记过,还体现在土地承包经营权证中。所谓"地块面积不准、四至不清"是相对概念,与当时技术条件限制下,测量不够精确有关。在实践中,农民相互之间基本清楚地块坐落和

---

① 温铁军:《"三农"问题与制度变迁》,中国经济出版社 2009 年版,第 302 页。

② 2013 年中央一号文件《中共中央 国务院关于加快发展现代农业 进一步增强农村发展活力的若干意见》。

四至。本来土地确权工作与促进农业生产经营无关，完全是受财产权话语误导下的多此一举行为。[1] 笔者在基层调研中发现，从农民到干部都不理解费时费力且代价高昂的土地确权意义何在，农民说："确权确地将农村确死，将农业确危险。"土地确权将进一步锁定现有土地细碎分散格局，加剧农业生产中的矛盾。

4. 土地经营权抵押

土地承包经营权抵押是当前改革的重点。作为农村改革试验区，武汉市实施过土地经营权抵押尝试探索。我们深入调查发现，这些所谓的抵押贷款不仅具有很强的政策性，是在政府推动下完成的，而且与"土地承包经营权"抵押无关。相关研究发现，全国各地实行的土地承包经营权抵押，实际上通常是信用贷款或者依靠其他担保物完成，武汉市几乎所有的土地承包经营权抵押也都是后一种。[2] 除了法律约束之外，银行基本不接受土地承包经营权抵押。一方面，在不改变土地用途的情况下，农用地的资产价值很低，抵押额度较低；另一方面，由于土地承包经营权抵押融资主体通常是流转土地的大户，一旦大户经营不善破产，银行将面临资产处置难问题，甚至有可能出现替跑路的经营大户向农民支付租金的情况。土地经营权抵押政策难以成功的根本原因是农用地上不包含巨大财富。

第四节　回归经营制度的改革展望

包括"三权"分置、土地确权、土地经营权抵押等政策，都是沿着土

---

① 贺雪峰：《为了谁的农业现代化》，载《党政视野》2015 年第 Z1 期。

② 王德福：《市场化抑或政策性：农地经营权抵押的实践逻辑与反思》，载《湖北社会科学》2016 年第 2 期。

地财产化思路设计的,按此进行的制度改革所造成的问题或许比其解决的问题更多。破解困境需要回到土地属于生产资料这个制度起点,真正探索与农业生产经营需求相适应的集体所有制实现形式。在此前提下进行农村土地制度改革,具体包括以下几个方面:

一是坚持土地生产资料向农民配置。温铁军等指出,受资源禀赋约束,我国不存在纯粹"农业"经济问题,微观效率不能作为理解农业现象的第一原则;[①]贺雪峰认为区分"农业问题"还是"农民问题"是设计农业政策的关键。[②] 当前,我国依然有 2 亿多农村劳动力依靠农业就业,土地担负非常重要的社会功能。要抓住城镇化机遇,让土地资源逐步向留在农村从事农业生产的农民集中,实现"少数人种多数人地"。创新农业经营体系要保障农民在农业生产中占主体地位,停止政府帮助资本排挤小农的政策取向,社会资本进入农业领域要限制在产前产后环节。

二是恢复集体在土地生产资料配置上的功能。鉴于大部分进城农民不会彻底放弃土地权利,可将农户作为集体成员所有享有的权益价值化。具体操作办法,恢复集体作为所有权主体收取土地承包费权利,少承包或者不承包土地的获得经济补偿,多承包土地的农民支付土地对应的地租金。集体成员享有的承包土地权利被价值化,取消通过土地实物分配来实现其作为集体成员的权利,避免城镇化带来的土地使用权错位配置。对于在城市定居、具有稳定工作和已经参与城市社会保障体系的农户,可以探索通过一次性补偿办法使其退出集体土地权益。

三是允许地方开展形式多样的土地确权办法。2013 年中央一号文

---

① 温铁军:《小农平均地权与农业规模经营》,载《战略与管理》1997 年第 3 期。

② 贺雪峰:《农业问题还是农民问题?》,载《社会科学》2015 年第 6 期。

件规定土地承包经营权确权原则“可以确权确地,也可以确权确股不确地”,2014年中央一号文件又提出“总体上要确地到户,从严掌握确权确股不确地的范围”。当前,各地方按照2014年政策开展土地确权工作,遭遇了不少困难。应当采取2013年的确权原则,尤其要鼓励地方借助土地确权之机,进行土地整合工作,解决农户土地细碎插花问题。这方面,湖北沙洋县推行的“连片耕种”与广东清远市推行的“土地整合”都是成功经验,基本做法都是通过村民自治方式进行集体内部土地重新划分,实现每家每户土地连片,极大地提高农业生产效率,相关做法值得推广。

四是纠正土地承包关系“长久不变”说法。任何事物都处于发展状态,“长久不变”不符合事物发展规律,尤其是农业经营更是处于不断变化的状态。土地承包关系“长久不变”的说法不科学。可将“长久不变”理解为坚持土地承包经营制度不变。具体的土地承包关系在现有承包期内总体保持不变,待二轮承包30年到期之后,结合彼时的经济社会条件再制定具体政策。当前中国发展处于日新月异状态,按今日条件和以今日眼光来制定十来年以后的政策,不是实事求是的态度。

参考文献

一、著作类

《马克思恩格斯文集》(第3卷),人民出版社2009年版。

《资本论》(第3卷),人民出版社2004年版。

[荷]何·皮特:《谁是中国土地的拥有者?》,林韵然译,社会科学文献出版社2008年版。

[美]R.科斯:《社会成本问题》,载R.科斯、A.阿尔钦、D.诺斯等:《财产权利与制度变迁——产权学派与新制度学派译文集》,刘守英等译,生活·读书·新知三联书店1994年版。

[美]Y.巴泽尔:《产权的经济分析》,费方域等译,上海三联书店1997年版。

[美]埃莉诺·奥斯特罗姆:《公共事务的治理之道》,余逊达、陈旭东译,上海译文出版社2012年版。

[美]保罗·塞缪尔森、威廉·诺德豪斯:《经济学》(第16版),萧琛等译,华夏出版社1999年版。

[美]哈罗德·德姆塞茨:《所有权、控制与企业:论经济活动的组织》,段毅才译,经济科学出版社

1999 年版。

［美］R. 科斯、A. 阿尔钦、D. 诺斯等:《财产权利与制度变迁》,刘守英等译,上海三联出版社 1994 年版。

［美］罗伯特·C. 埃里克森:《无需法律的秩序》,苏力译,中国政法大学出版社 2003 年版。

［美］迈克尔·赫勒:《困局经济学》,闾佳译,机械工业出版社 2009 年版。

［美］史蒂芬·霍尔姆斯、凯斯·R. 桑斯坦:《权利的成本——为什么自由依赖于纳税》,毕竞悦译,北京大学出版社 2011 年版。

［美］威廉·阿朗索:《区位和土地利用——地租的一般理论》,梁进杜等译,商务印书馆 2007 年版。

［美］约翰·G. 斯普兰克林:《美国财产法精解》,钟书峰译,北京大学出版社 2009 年版。

［日］关谷俊作:《日本的农地制度》,金洪云译,生活·读书·新知三联书店 2004 年版。

［英］约翰·穆勒:《政治经济学原理及其在社会哲学上的若干应用》(下卷),胡企林、赵荣潜、桑炳首彦等译,商务印书馆 1991 年版。

《佟柔文集》编辑委员会编:《佟柔文集——纪念佟柔教授诞辰 75 周年》,中国政法大学出版社 1996 年版。

陈明:《农地产权制度创新与农民土地财产权利保护》,湖北人民出版社 2006 年版。

陈锡文、赵阳、罗丹:《中国农村改革 30 年回顾与展望》,人民出版社 2008 年版。

陈锡文:《陈锡文改革论集》,中国发展出版社 2008 年版。

崔建远:《自然资源物权法律制度研究》,法律出版社 2012 年版。

丁关良:《土地承包经营权流转法律制度研究》,中国人民大学出版社 2011 年版。

董景山:《农村集体土地所有权行使模式研究》,法律出版社 2012 年版。

杜润生:《杜润生改革论集》,中国发展出版社 2008 年版。

房绍坤:《用益物权基本问题研究》,北京大学出版社 2006 年版。

房维廉主编:《中华人民共和国城市房地产管理法释义》(第 2 版),人民法院出版社 1995 年版。

高飞:《集体土地所有权主体制度研究》,法律出版社 2012 年版。

高富平:《物权法专论》,北京大学出版社 2007 年版。

[美]哈特:《企业、合同与财务结构》,费方域译,上海人民出版社 1998 年版。

韩俊主编:《中国农村土地问题调查》,上海远东出版社 2009 年版。

贺雪峰、罗兴佐等:《中国农田水利调查》,山东人民出版社 2012 年版。

贺雪峰:《城市化的中国道路》,东方出版社 2014 年版。

贺雪峰:《地权的逻辑Ⅱ——地权变革的真相与谬误》,东方出版社 2013 年版。

贺雪峰:《地权的逻辑——中国农村土地制度向何处去》,中国政法大学出版社 2010 年版。

胡康生主编:《中华人民共和国物权法释义》,法律出版社 2007 年版。

华生:《城市化转型与土地陷阱》,东方出版社 2013 年版。

黄小虎:《土地与社会主义市场经济》,中国财政经济出版社 2008 年版。

江平主编:《中国物权法教程》,知识产权出版社 2007 年版。

李昌平:《再向总理说实话》,中国财富出版社 2012 年版。

刘俊:《土地所有权国家独占研究》,法律出版社2008年版。

刘俊:《中国土地法理论研究》,法律出版社2006年版。

孟勤国:《中国农村土地流转问题研究》,法律出版社2009年版。

全国人大法律工作委员会民法室编著:《物权法(草案)参考》,中国民主法制出版社2005年版。

史尚宽:《土地法原理》(第3版),正中书局印行1954年版。

史尚宽:《物权法论》,中国政法大学出版社2000年版。

孙宪忠:《中国物权法总论》,法律出版社2003年版。

孙宪忠主编:《中国物权法:原理释义和立法解读》,经济管理出版社2008年版。

孙中山:《孙中山文集》,团结出版社1997年版。

王景新:《中国农村土地制度的世纪变革》,中国经济出版社2001年版。

王利明:《物权法立法的若干问题探析》,载《中华人民共和国物权法——立法进程资料汇编》,中国政法大学出版社2010年版。

王利明:《物权法论》,中国政法大学出版社2003年版。

王利明:《物权法研究》(上、下卷),中国人民大学出版社2007年版。

王利明主编:《物权法名家讲坛》,中国人民大学出版社2008年版。

王泽鉴:《民法概要》,北京大学出版社2009年版。

王泽鉴:《民法物权》,北京大学出版社2009年版。

温世扬、廖焕国:《物权法通论》,人民法院出版社2005年版。

温铁军:《"三农"问题与制度变迁》,中国经济出版社2009年版。

吴谦编著:《物权法注释全书》,法律出版社2012年版。

卢现祥主编:《新制度经济学》,武汉大学出版社2011年版。

肖蔚云:《我国现行宪法的诞生》,北京大学出版社1986年版。

徐勇、赵永茂主编:《土地流转与乡村治理——两岸的研究》,社会科学文献出版社2010年版。

许崇德:《宪法规范与社会实际》,载《许崇德自选集》,学习出版社2007年版。

姚洋:《土地、制度和农业发展》,北京大学出版社2004年版。

于宪宗、毛育刚、林卿:《两岸农地利用比较》,社会科学文献出版社2004年版。

张路雄:《耕者有其田——中国耕地制度的现实与逻辑》,中国政法大学出版社2012年版。

张云华:《完善与改革农村宅基地制度研究》,中国农业出版社2011年版。

赵阳:《共有与私用——中国农地产权制度的经济学分析》,生活·读书·新知三联书店2007年版。

周诚:《土地经济学》,商务印书馆第2003年版。

周其仁:《城乡中国》,中信出版社2013年版。

周其仁:《还权赋能:奠定长期发展的可靠基础》,北京大学出版社2010年版。

二、论文类

北京大学国家发展研究院综合课题组:《新土改成都实践》,载《西部大开发》2011年第2期。

北京大学国家发展研究院综合课题组:《还权赋能——成都土地制度改革探索的调查研究》,载《国际经济评论》2010年第2期。

北京大学国家发展研究院综合课题组:《深圳土改报告》,载《南方周末》2014年8月1日。

胡鞍钢、胡琳琳、常志霄:《中国经济增长与减少贫困(1978—

2004)》,载《清华大学学报》(哲学社会科学版)2006 年第 5 期。

曾祥炎、王学先:《加强政府农地流转的干预——对台湾第二次土地改革的反思》,载《华南农业大学学报》2004 年第 4 期。

陈柏峰:《土地发展权的理论基础与制度前景》,载《法学研究》2012 年第 4 期。

陈端洪:《宪法学的知识碑界——政治学者和宪法学者关于制宪权的对话》,载《开放时代》2010 年第 3 期。

陈锡文:《把握农村经济结构、农业经营形式和农村社会形态变迁的脉搏》,载《开放时代》2012 年第 3 期。

陈锡文:《工业化、城镇化要为解决“三农”问题作出更大贡献》,载《经济研究》2011 年第 10 期。

胡鞍钢:《城市化是今后中国经济发展的主要推动力》,载《湖南社会科学》2003 年第 6 期。

陈锡文:《构建新型农业经营体系刻不容缓》,载《求是》2013 年第 22 期。

陈小君、蒋省三:《宅基地使用权制度:规范解析、实践挑战及其立法回应》,载《管理世界》2010 年第 10 期。

陈小君:《我国农村土地法律制度变革的思路与框架》,载《法学研究》2014 年第 4 期。

陈耀东:《宅基地使用权立法变革论》,载《安徽大学法律评论》2007 年第 1 辑。

陈越峰:《城市空间利益的正当分配》,载《法学研究》2015 年第 1 期。

程洁:《土地征收征用中的程序失范与重构》,载《法学研究》2006 年第 1 期。

程久苗:《论土地用途管制》,载《中国农村经济》2000 年第 7 期。

崔建远:《再论界定准物权课题的思维模式及方法》,载《法学研究》2011 年第 5 期。

崔建远:《征收制度调整及体系效应》,载《法学研究》2014 年第 4 期。

崔建远:《准物权的理论问题》,载《中国法学》2003 年第 3 期。

崔建远:《自然资源国家所有的定位及完善》,载《法学研究》2013 年第 4 期。

单平基、彭诚信:《"国家所有权"研究的民法学争点》,载《交大法学》2015 年第 2 期。

冯海发:《为全面解决"三农"问题夯实基础》,载《农民日报》2013 年 11 月 18 日。

高富平:《土地使用权的物权法定位》,载《北方法学》2010 年第 4 期。

高富平:《物权法上的平等保护原则及其实现》,载《上海交通大学学报》(哲学社会科学版)2007 年第 5 期。

高建伟:《美国土地征收中的"公共利益"》,载《美国研究》2011 年第 3 期。

高圣平、刘守英:《土地权利制度创新:从〈土地管理法〉修改的角度》,载《经济社会体制比较》2010 年第 3 期。

高圣平、刘守英:《宅基地使用权初始取得制度研究》,载《中国土地科学》2007 年第 2 期。

高圣平:《新型农业经营体系下的农地产权结构的法律逻辑》,载《法学研究》2014 年第 4 期。

高兴松:《小农制与台湾农业的发展》,载《台湾研究集刊》1999 年第 2 期。

龚刃韧:《中国农村土地征收的宪法困境》,载《法学》2013 年第 9 期。

巩固:《自然资源国家所有权公权说》,载《法学研究》2013 年第 4 期。

巩固:《自然资源国家所有权公权再说》,载《法学研究》2015 年第 2 期。

桂华、余彪:《治理视角下的土地整治工作分析》,载《土地整治动态》(特刊)2013 年第 11 期。

桂华:《为何黑龙江农垦的土地整治效果好》,载《土地整治动态》2013 年第 12 期。

韩大元、李累:《试论我国宪法对土地所有权的调整》,载《法学家》1996 年第 4 期。

韩康、肖钢:《积极探索建立有中国特色的农村宅基地市场》,载《理论前沿》2008 年第 13 期。

韩松:《关于农民集体所有权问题的问卷调查报告》,载《宁夏社会科学》2005 年第 6 期。

韩松:《集体建设用地市场配置的法律问题研究》,载《中国法学》2008 年第 3 期。

韩松:《论成员集体与集体成员》,载《法学》2005 年第 8 期。

韩松:《论物权平等保护原则与所有权类型化之关系》,载《法商研究》2006 年第 6 期。

韩松:《农村集体经济法律制度的价值目标和功能定位》,载《西北农林科技大学学报》(社会科学版)2014 年第 3 期。

韩延赋:《对当前涉农纠纷疑难问题的司法解决》,载《法律适用》2008 年第 1、2 期。

贺雪峰:《论中国式城市化与现代化道路》,载《中国农村观察》2014 年第 1 期。

贺雪峰:《农地承包经营权确权的由来、逻辑与出路》,载《思想战线》2015 年第 5 期。

贺雪峰:《农业问题还是农民问题》,载《社会科学》2015 年第 6 期。

贺雪峰:《为了谁的农业现代化》,载《党政视野》2015 年第 Z1 期。

贺雪峰:《中国土地制度的宪法性质》,载《文化纵横》2013 年第 6 期。

黄文山:《填补“空心村”整治政策空白》,载《中国土地》2012 年第 11 期。

黄忠:《城市化与“入城”集体土地的归属》,载《法学研究》2014 年第 4 期。

李元:《保护农民的土地财产权》,载《中国土地》2001 年第 3 期。

李元:《中国城镇化进程中的征地制度改革》,载《中国土地》2005 年第 12 期。

连希蕊:《只有驾驭了城市化能够实现千年发展目标》,载《财经界》2013 年第 5 期。

梁慧星:《如何理解物权法》,载《河南社会科学》2006 年第 4 期。

梁慧星:《宪法修正案对非公有制经济和私有财产的规定》,载《私法》第 4 辑第 2 卷。

林来梵:《针对国家享有的财产权》,载《法商研究》2003 年第 1 期。

林子力:《论联产承包责任制——中国社会主义农业合作经济的新形式》,载《中国社会科学》1982 年第 6 期。

刘凯湘:《法定租赁权对农村宅基地制度改革意义与构想》,载《法学论坛》2010 年第 1 期。

刘守英:《贵州湄潭实行“增人不增地,减人不减地”24 年的效果与启示》,载《中国乡村发现》2012 年第 4 期。

刘守英:《集体土地资本化与农村城市化》,载《北京大学学报》2008 年第 6 期。

柳经纬:《我国土地权利制度的变迁与现状——以土地资源的配置和土地财产的分配为视角》,载《海峡法学》2010 年第 3 期。

梅夏英:《特许物权的性质及立法模式的选择》,载《人大法律评论》2001 年卷第 2 辑。

孟勤国:《物权法开禁农村宅基地交易之辩》,载《法学评论》2005 年第 4 期。

欧阳君君:《论国有自然资源的范围》,载《中国地址大学学报》(社会科学版)2014 年第 3 期。

孙宪忠:《"统一唯一国家所有权理论的悖谬及改革切入点分析"》,载《法律科学》2013 年第 3 期。

天则经济研究所:《经济学家和法学家就中国土地制度的对话与争鸣》,载《甘肃行政学院学报》2010 年第 2 期。

汪庆华:《土地征收、公共使用与公平补偿》,载《北大法律评论》2008 年第 8 卷第 2 辑。

王德福:《市场化抑或政策性:农地经营权抵押的实践逻辑与反思》,载《湖北社会科学》2016 年第 2 期。

王利明、周友军:《论我国农村土地权利制度的完善》,载《中国法学》2012 年第 1 期。

王利明:《国家所有权的法律特征研究》,载《法律科学》1990 年第 6 期。

王利明:《论国家所有权的民法保护》,载《中国法学》1991 年第 2 期。

王利明:《论国家作为民事主体》,载《法学研究》1991 年第 1 期。

王利明:《论他物权的设定》,载《法学研究》2005 年第 6 期。

王利明:《论征收制度中的公共利益》,载《政法论坛》2009 年第 2 期。

王利明:《农村土地承包经营权的若干问题探讨》,载《中国人民大学学报》2001 年第 6 期。

王利明:《物权法平等保护原则之探析》,载《法学杂志》2006 年第 3 期。

王权典、陈维君:《立法变革中农民土地权益保障之检讨》,载《西部法学评论》2011 年第 2 期。

王旭:《论自然资源国家所有权的宪法规制功能》,载《中国法学》2013 年第 6 期。

王旭东:《中国农村宅基地制度研究》,中国建筑工业出版社 2011 年版。

王涌:《自然资源国家所有权三层结构说》,载《法学研究》2013 年第 4 期。

温铁军:《小农平均地权与农业规模经营》,载《战略与管理》1997 年第 3 期。

夏泽祥:《作为公法与根本法的宪法》,载《法学》2012 年第 2 期。

徐祥民:《自然资源国家所有权之国家所有制说》,载《法学研究》2013 年第 4 期。

徐元:《城乡规划的法律性质分析》,载《工程建设标准化》2008 年第 2 期。

姚洋:《中国农地制度:一个分析框架》,载《中国社会科学》2000 年第 2 期。

尹田:《物权主体论纲》,载《现代法学》2006 年第 2 期。

有林:《略论我国现阶段生产资料的社会主义公有制》,载《马克思主义研究》2011 年第 10 期。

雨佳:《我对承包经营的不同看法》,载《长白学刊》1987 年第 6 期。

张千帆:《"公共利益"与"合理补偿"的宪法解释》,载《南方周末》

2005 年 8 月 11 日。

张千帆:《城市土地"国家所有"的困惑与消解》,载《中国法学》2012 年第 3 期。

张千帆:《行政自由裁量权的法律控制》,载《法律科学》2007 年第 3 期。

赵燕菁:《对地方政府行为的另一种解释》,载《学习时报》2007 年 2 月 12 日。

赵燕菁:《投资型住宅需求与社会财富再分配》,载《北京规划建设》2010 年第 6 期。

赵燕菁:《重新研判"土地财政"》,载《第一财经日报》2013 年 5 月 13 日。

郑秉文:《"中等收入陷阱"与中国发展道路》,载《中国人口科学》2011 年第 1 期。

郑尚元:《宅基地使用权性质及农民居住权利之保障》,载《中国法学》2014 年第 2 期。

郑振源:《征地补偿中的几个理论问题》,载《中国土地科学》2012 年第 7 期。

钟甫宁、纪月清:《土地产权、非农就业机会与农户农业生产投资》,载《经济研究》2009 年第 12 期。

周其仁:《农地产权与征地制度》,载《经济学》(季刊)2004 年第 4 卷第 1 期。

周其仁:《深圳土改可让农民做业主发展城市》,载《新世纪》2012 年第 21 期。

周其仁:《为什么城市化离不开农地农房入市》,载《经济观察报》2014 年 9 月 6 日。

周其仁:《增加中国农民的家庭财产性收入》,载《农村金融研究》

2009 年第 11 期。

三、其他

《2013 年全国农民工监测报告显示》,载《中国信息报》2014 年 5 月 13 日。

《三中全会激活 15 亿亩农村土地　价格或达 130 万亿》,载《中国经济周刊》2013 年 11 月 25 日。

《习近平:农村改革要坚守"四个不能"底线》,载《人民日报》2016 年 5 月 25 日。

《中央农村工作领导小组副组长陈锡文:目前全国 1/3 的土地已经流转》,载观察者网 http://www.guancha.cn/economy/2016_05_22_361298.shtml,最后访问日期:2016 年 5 月 22 日。

《人社部:煤钢行业有 180 万职工需安置　政府将提供 1000 亿元基金》,载观察者网:http://www.guancha.cn/society/2016_02_29_352421.shtml,最后访问日期:2016 年 5 月 22 日。

陈锡文:《大城市要疏散人口首先要疏散项目》,载 http://news.ifeng.com/mainland/special/2014lianghui/fangtan/detail_2014_03/11/34656451_0.shtml,最后访问日期:2016 年 5 月 22 日。

陈锡文:《农民以为卖房就能进城那是上了大当》,载 http://www.snzg.cn/article/2015/0313/article_40657.html,最后访问日期:2016 年 5 月 22 日。

观察者网:《日本强拆成田机场 40 余年"钉子户"》,载 http://www.guancha.cn/Neighbors/2012_11_28_111749.shtml,最后访问日期:2016 年 5 月 22 日。

华生:《土地制度改革的分歧》(上),载 http://www.guancha.cn/HuaSheng/2014_04_20_223559.shtml,最后访问日期:2016 年 5 月 22 日。

黄晓兰:《对城镇化进程中完善宅基地退出机制的思考》,载 http://www.cdlr.gov.cn/detail.aspx?id=50435,最后访问日期:2016 年 5 月 22 日。

杨小凯:《中国土地所有权私有化的意义》,载 http://www.aisixiang.com/data/425.html,最后访问日期:2016 年 5 月 22 日。

周其仁:《"土地财政"涉嫌违宪》,载 http://business.sohu.com/20121128/n358927986.shtml,最后访问日期:2016 年 5 月 22 日。

后　记

甘阳曾批评国内学界，大体意思是，一些人既不了解西方，也不懂中国，就开始随便发言。在土地制度改革上，也存在这个问题。

这么多年的土地制度改革，偏离其初始目标越来越远，很大程度上是一批从来没有研究过社会现实的人，仅从某些理念做出制度设计的结果。土地承包经营权物权化后又继续改革的尴尬局面，便是教训。在建设用地方面，美国联邦宪法修正案关于财产征收的规定，通常被当作批评中国土地征收制度的武器。

书中内容，是受到目前一些人不全盘推倒中国土地制度欲不罢休的观点刺激后，所作思考的汇聚。由于非法学和非土地学科班出身，讨论这个话题，笔者在专业知识上不敢抱有信心，好在是，社会科学工作者对现实情况的接近，主要依赖的是研究者的身体力行。笔者及所在的研究团队，将深入田野当作一切经验的研究的起点。实践永远比理论要复杂一些，尤其对于正处于社会剧烈变迁和利益结构调整的当下中国而言。社会科学研究在面对这十分复杂的社会现实时,脱离经验的逻辑推导,思维走得越远,离荒谬可能越近。

当前我国相关的土地法律修订,不应只是法学学者的任务,原因是很多研究法学的人,从来并不研究"土地"。在德国民法或者美国宪法或者其他方面有深厚造诣的法律专家,也不能独立承担起建设中国土地制度的重任。土地制度建设,起点是土地作为生产要素和社会要素,在推动中国现代化上所发挥的作用。研究土地制度,需走向实实在在的"土地",避免将其抽象为某些概念。基于对关于土地的田野经验的一点积累,笔者在讨论这个看似专业的问题时,也并非完全没有信心。

书名定为《中国土地制度的宪法秩序》,是认为我国土地制度的基本原则源于《宪法》,针对的是当前土地制度研究中和改革上所流行的"财产权"话语。本书部分章节内容,之前分别在《法学研究》《学术月刊》《法学评论》《社会科学》《政治经济学评论》等期刊发表过。汇聚出版,既是对过去一段时间思考的了结,也是准备新研究的开始。

感谢华中科技大学中国乡村治理研究中心,贺雪峰教授主持的这个研究团队,秉持集体学术理念。本书内容很多是团队的智慧。贺雪峰教授开辟了从社会学与政治学角度研究土地的方法,对主导的经济学、法学方法带来冲击,逐渐形成关于中国土地制度及其改革的"一家之言"。我们的信念是,不忌讳真诚研究后的认识偏颇,只求避免低水平重复。在研究中,我们力求避免反复论证几个老生常谈的结论式命题,希望提出一些有意义的观点,尽管这些观点并不一定能够得到"主流"的认同。

另外,感谢刊登书中内容的各个杂志社以及期刊编辑们。法律出版社的高山、韩向臣两位老师,为本书的出版付出汗水。没有他们的努力，书稿不会是今天的样子。

当然，还得感谢我的家人，他们为我提供了专心做事的条件。

华中科技大学东七楼

2017 年 3 月 28 日

图书在版编目(CIP)数据

中国土地制度的宪法秩序 / 桂华著. —北京:法律出版社,2017

ISBN 978 - 7 - 5197 - 1268 - 6

Ⅰ. ①中…　Ⅱ. ①桂…　Ⅲ. ①土地法—研究—中国

Ⅳ. ①D922.304

中国版本图书馆 CIP 数据核字(2017)第 207086 号

中国土地制度的宪法秩序
ZHONGGUO TUDI ZHIDU DE XIANFA ZHIXU

桂　华　著

策划编辑　高　山
责任编辑　韩向臣
装帧设计　汪奇峰

出版　法律出版社
总发行　中国法律图书有限公司
经销　新华书店
印刷　三河市龙大印装有限公司
责任校对　晁明慧
责任印制　陶　松

编辑统筹　学术 · 对外出版分社
开本　A5
印张　7.25
字数　176 千
版本　2017 年 9 月第 1 版
印次　2017 年 9 月第 1 次印刷

法律出版社/北京市丰台区莲花池西里 7 号(100073)
网址/www.lawpress.com.cn
投稿邮箱/info@lawpress.com.cn
举报维权邮箱/jbwq@lawpress.com.cn
销售热线/010 - 63939792
咨询电话/010 - 63939796

中国法律图书有限公司/北京市丰台区莲花池西里 7 号(100073)
全国各地中法图分、子公司销售电话:
统一销售客服/400 - 660 - 6393
第一法律书店/010 - 63939781/9782　西安分公司/029 - 85330678　重庆分公司/023 - 67453036
上海分公司/021 - 62071639/1636　深圳分公司/0755 - 83072995

书号:ISBN 978 - 7 - 5197 - 1268 - 6　**定价**:39.00 元